MDR-retrospektive
'Die 50 besten deutschen Filme'

MDR-retrospektive
'Die 50 besten deutschen Filme'

Eine Sendereihe
des Mitteldeutschen Rundfunks
Februar bis Dezember 1995
im Jubiläumsjahr '100 Jahre Kino'

Die Deutsche Bibliothek – CIP-Einheitsaufnahme

Mitteldeutscher Rundfunk <Leipzig>:
MDR-Retrospektive die 50 besten deutschen Filme. - Berlin :
VISTAS, 1995
ISBN 3-89158-132-7
NE: Retrospektive die 50 besten deutschen Filme; HST

Herausgeber:
MDR – Mitteldeutscher Rundfunk/
drefa ATELIER-GMBH, Dresden

Redaktion:
Gabriele Kaspar
Lothar Erdmann

Copyright© 1995 by
VISTAS Verlag GmbH
Bismarckstraße 84
D-10627 Berlin

Alle Rechte vorbehalten
ISBN 3-89158-132-7

Fotonachweis:
Mitteldeutscher Rundfunk: S. 72, 73, 76, 77, 101
Pressebilderdienst Kindermann: S. 8, 9, 14, 15, 17, 25, 27,
31, 35, 36, 37, 39, 41, 43, 45, 49, 51, 55, 57, 58, 59, 63,
64, 65, 75, 81, 87, 89, 91, 93, 95, 97, 99, 104, 105
Progress Film-Verleih GmbH: S. 47, 82, 83, 85
Taurus Film GmbH & Co: S. 53
Ullstein Bilderdienst: S. 10, 11, 12, 13, 18, 19, 20, 21, 23,
29, 32, 33, 61, 67, 68, 69, 70, 71, 78, 79, 102, 103, 107

Umschlaggestaltung: kontur GbR, Berlin
Satz + Layout: TypoLINE, Berlin
Druck: Bosch-Druck, Ergolding

INHALT

Vorwort	6
Der blaue Engel	8
Die Drei von der Tankstelle	10
Berlin – Alexanderplatz	12
Der Kongreß tanzt	14
M – Eine Stadt sucht einen Mörder	16
Kuhle Wampe oder Wem gehört die Welt?	18
Das Testament des Dr. Mabuse	20
Liebelei	22
Der Mann, der Sherlock Holmes war	24
Der Postmeister	26
Quax, der Bruchpilot	28
Münchhausen	30
Romanze in Moll	32
Große Freiheit Nr. 7	34
Die Feuerzangenbowle	36
Die Frau meiner Träume	38
Unter den Brücken	40
Die Mörder sind unter uns	42
Ehe im Schatten	44
Das kalte Herz	46
Das Haus in Montevideo	48
Der Untertan	50
Des Teufels General	52
Lola Montez	54
Wenn der Vater mit dem Sohne	56
Der Hauptmann von Köpenick	58
Das Wirtshaus im Spessart	60
Nachts im Grünen Kakadu	62
Das Mädchen Rosemarie	64
Wir Wunderkinder	66
Die Brücke	68
Rosen für den Staatsanwalt	70
Sterne	72
Der brave Soldat Schwejk	74
Nackt unter Wölfen	76
Dr. med. Hiob Prätorius	78
Der junge Törless	80
Die Söhne der großen Bärin	82
Spur der Steine	84
Ich war Neunzehn	86
Aguirre, der Zorn Gottes	88
Die Legende von Paul und Paula	90
Die verlorene Ehre der Katharina Blum	92
Die Blechtrommel	94
Die Ehe der Maria Braun	96
Das Boot	98
Solo Sunny	100
Mephisto	102
Der Himmel über Berlin	104
Schtonk!	106
Titelverzeichnis	109

V O R W O R T

Schön, daß Sie in diesem Buch blättern. Etwas hat Sie neugierig gemacht. Ein Foto des Einbandes? Der Titel? Das Wort „Film", das bei jedem von uns sofort Erinnerungen an Bilder auslöst, an laufende Bilder, versteht sich?

Genau das ist es wohl, was das Buch und Sie und uns verbindet – die Faszination „FILM". Und – kein geringerer Anlaß als das 100jährige Jubiläum dieser wundersamen Erfindung.

Seit im Jahr 1895 erstmals der „cinematographe" der Brüder Lumiere in Paris und Lyon, das „Bioscope" der Brüder Skladanowsky in Berlin und 1896 das Edinsonsche „vitascope" in New York dem Publikum von Jahrmärkten, Varietes und Vergnügungsetablissements „lebende Photographien" präsentierte, hat sich dieses technische Spektakel gewaltig verändert. Weg von der einfachen Wiedergabe bewegter Bilder, hin zu immer längeren Filmstreifen mit Unterhaltungswert.

Auch wenn es die Pioniere des Films nicht ahnten: Die epochemachende Neuerung des 19. Jahrhunderts beeinflußte in unvorstellbarer Weise die Kunst, Kultur und Wahrnehmung der Welt in den folgenden Jahrzehnten – und tut es auch weiterhin.

Deshalb kommt wohl auch kein Filmfreund umhin, anläßlich des hundertjährigen Jubiläums innezuhalten und sich in Erinnerung zu rufen, was seit der Zeit, „als die Bilder laufen lernten", für wunderschöne Schöpfungen der Phantasie der – im wahrsten Sinne des Wortes – „Filmemacher" das Licht der Leinwand erblickt haben.

Die Werke aufzuzählen, die von den Filmenthusiasten auf der ganzen Welt einhellig für so gut befunden werden, die Zeiten zu überdauern, sprengt den Rahmen. Denn *die* Filmgeschichte und *die* besten 10, 100 oder 1 000 Filme aller Zeiten – gibt es die wirklich? Wo liegt das Maß und wer definiert seine Verwendung?

Erinnern, erleben, empfinden ist eine sehr individuelle Sache. Wir können uns untereinander austauschen, können schildern und begründen, was uns an der einen Filmstory mehr berührt hat, mehr hat gruseln oder hoffentlich auch mehr hat lachen lassen. Aber teilen deshalb andere gleich dieses Lob? Gewiß nicht immer, und dennoch wenden wir Zuschauer – bewußt oder unbewußt – Bewertungskriterien an, die uns bei manchen Filmen eben doch zu einem Konsens über die Qualität eines Werkes kommen lassen.

Aus Anlaß des 100jährigen Jubiläums hat sich der Mitteldeutsche Rundfunk bemüht, einen solchen Konsens beim Urteil über Filme zu erreichen. Nicht bei der Weltfilmkunst, die mit Sicherheit nicht immer und nicht allen Zuschauern zugänglich war. Wir haben uns dafür entschieden, einen kleineren Ausschnitt aus der Kinogeschichte genauer zu betrachten, und zu schauen, was in den letzten Jahrzehnten an Bleibendem gedreht wurde. Die Rede ist vom deutschsprachigen Tonfilmschaffen.

Um ein Urteil gebeten wurden Filmhistoriker, -journalisten, -redakteure, -schöpfer und nicht zu vergessen das Publikum im Sendegebiet des Mitteldeutschen Rundfunks. Wir danken an dieser Stelle allen herzlich, daß sie sich an dieser Umfrage beteiligt und als Filmfreund erwiesen haben.

In diesem Buch nun stellen wir Ihnen das Ergebnis vor. Aus allen Antworten haben wir fünfzig Spielfilme ermittelt, die nach Meinung der Befragten zu den fünfzig besten deutschen Tonfilmproduktionen zählen. Gewiß vermißt der eine oder andere Leser einen Titel, der für ihn unbedingt in diesen Kreis der fünfzig Besten gehören würde. Sei's drum, jeder von uns hat zum Glück seine ganz speziellen Vorlieben oder guten Erinnerungen, die er mit einem bestimmten Streifen verbindet. Bewahren wir doch dann *unseren* Lieblingsfilm in unserem Herzen als ganz persönliche Hommage an dieses kleine Stückchen Kinogeschichte und sind hoffentlich dennoch bei vielen Titeln einverstanden, sie zu den besten Produktionen zu rechnen.

Wenn Sie Lust bekommen, den einen oder anderen Streifen, der hier zusammengetragen wurde, wiederzusehen, dann hat dieses Buch vollends seinen Zweck erfüllt. Es soll für Sie zugleich eine Einladung sein, 1995 Zuschauer des Mitteldeutschen Rundfunks zu bleiben oder zu werden. Wir senden für Sie die ausgewählten Spielfilme und wären sehr glücklich, auch Sie unter unserem Publikum zu wissen.

Viel Vergnügen beim Blättern und Erinnern und natürlich auch beim Schauen!

Martina Faust
Leiterin der Redaktion Film, Mitteldeutscher Rundfunk

Aufruhr im Gymnasium eines deutschen Provinzstädtchens um 1905: Professor Rath entdeckt bei seinen Schülern frivole Fotos. Empörung und Neugier treiben ihn ins Hafenlokal „Der blaue Engel", in dem die tolle Lola ihre schönen Beine und andere Reize zur Schau stellt, denen auch der betagte Junggeselle sofort erliegt.

DER BLAUE ENGEL

Die launenhafte Sängerin erhört sein Werben, wird seiner aber bald überdrüssig. Der inzwischen vom Dienst suspendierte und verspottete Schulbeamte verdingt sich als dummer August in Lolas tingelnder Truppe. Bei einem erneuten Gastspiel in seiner Heimatstadt lockt sein Name auf den Plakaten sensationslüsternes Publikum in den Saal. Während er sich in entwürdigender Weise als Hahnrei auf der Bühne verkaufen muß, beobachtet er einen Flirt Lolas und dreht durch. Er flüchtet in sein Klassenzimmer und stirbt.

Gleich zu Beginn der Tonfilmära war es Erich Pommer gelungen, einen Klassiker zu produzieren, in dem alles stimmt: Story, Inszenierung und Gestaltungsmittel. Literaturkritiker bemängelten zwar eine Verflachung der Romanvorlage, dennoch war es dem österreichischen Regisseur von Sternberg gelungen, das Melodram einer zum Scheitern ver-

Produktion:	Universalfilm A.-G. (Ufa) 1930 s/w 105 min.
Regie:	Josef von Sternberg
Buch:	Robert Liebmann und Josef von Sternberg, nach dem von Carl Zuckmayer und Karl Vollmöller frei bearbeiteten Roman „Professor Unrat" von Heinrich Mann
Kamera:	Günther Rittau, Hans Schneeberger
Musik:	Friedrich Hollaender
Darsteller:	Emil Jannings, Marlene Dietrich, Kurt Gerron, Rosa Valetti, Hans Albers, Gerhard Bienert, Eduard von Winterstein u. a.

urteilten Liebesgeschichte im Lache-Bajazzo-Milieu filmisch eindrucksvoll zu erzählen. Die skandalöse Beziehung des eitlen alten Mannes zu einem verführerischen jungen Weib provozierte Schadenfreude und entlarvte Heuchelei und Doppelmoral eines pedantischen Paukertyps und kleinbürgerlichen Spießers. Emil Jannings, die führende Schauspielerpersönlichkeit jener Jahre, vollbrachte eine Glanzleistung und schöpfte mit dieser Paraderolle die Möglichkeiten des tragikomischen Genres voll aus. Ein Ensemble hochkarätiger Darsteller stand ihm zur Seite. Die erotischen Aspekte der Handlung sind der Optik Marlene Dietrichs hautnah angepaßt. Auch die Musik und zugkräftigen Songs kamen der lasziven Ausstrahlung des neuen Stars sehr entgegen. Die Dietrich, „von Kopf bis Fuß auf Liebe eingestellt", erlangte mit dieser Rolle Weltruhm. Sie ging mit ihrem Regisseur nach Hollywood und festigte in den nächsten Filmen das im „Blauen Engel" geborene Image des Vamps.

DIE DREI VON DER TANKSTELLE

Das Freundestrio Willy, Hans und Kurt kann die glücklichen Stunden der Gemeinsamkeit nicht mehr fortsetzen, als ihr kontoführendes Kreditinstitut Bankrott anmeldet. Sie verkaufen ihr Auto und verdingen sich erfolgreich als Pächter einer Tankstelle. Als eines Tages die attraktive Lilian mit teurem Statussymbol vorfährt und das Hupsignal des weißen Mercedes wiederholtes Erscheinen ankündigt, ist die Harmonie der drei Männer dahin. Und Lilian, kein Kind von Traurigkeit, gibt sich auch voll in das kokette Spiel. Sie entscheidet sich schließlich für Willy. Enttäuschung, Entsagung, Trennung. Mit List erschleicht die Schöne Willys Unterschrift für den Ehekontrakt. Erneut Empörung und Ablehnung. Aber Lilians Vater ermöglicht die Gründung einer GmbH mit drei Geschäftsführern und der Glückspilz in dieser Komödie der Irrungen heißt Willy.

Produktion: Universalfilm A.-G. (Ufa)
1930 s/w 90 min.
Regie: Wilhelm Thiele
Buch: Franz Schulz, Paul Franck
Kamera: Franz Planer
Musik: Werner Richard Heymann
Darsteller: Lilian Harvey, Willy Fritsch, Heinz Rühmann, Oskar Karlweis, Olga Tschechowa, Kurt Gerron, Fritz Kampers, Die Comedian Harmonists u. a.

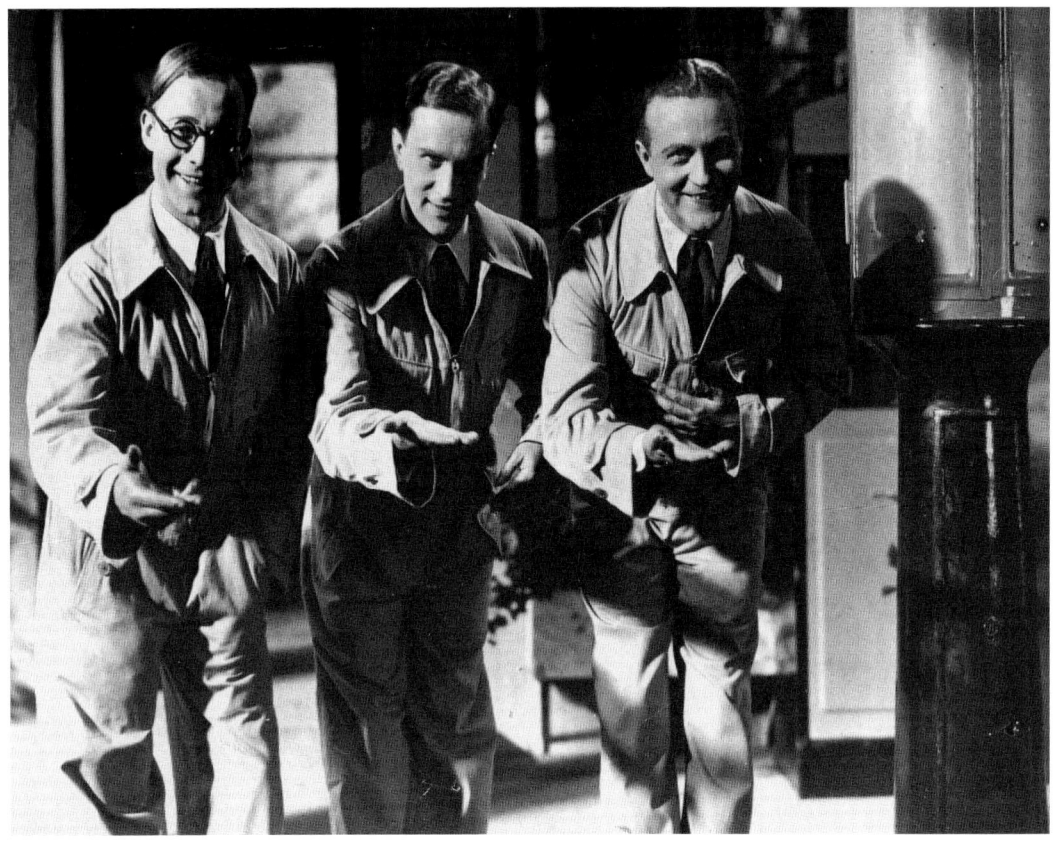

Neben „Der Kongreß tanzt" ist dies eine der erfolgreichsten deutschen Tonfilmoperetten. Eine weniger pompöse, mehr kammerspielartige hervorragende Parodie. Die Schöpfer haben Handlung, Dialoge, Lieder und Tänze mit künstlerischer und technischer Perfektion auf die Leinwand gebracht und einen unsterblichen Klassiker kreiert. Regisseur Wilhelm Thiele hatte Lilian Harvey und Willy Fritsch nach dem „Liebeswalzer" zum zweiten Mal gemeinsam vor die Kamera geholt. Es war Heinz Rühmanns erster Tonfilm. Lieder wie „Ein Freund, ein guter Freund" und „Liebling, mein Herz läßt dich grüßen" wurden zu Schlagern, trugen wesentlich zur Popularität des Films bei. Die zauberhafte Liebesgeschichte, musikalisch und tänzerisch hinreißend inszeniert, entging durch rasche Bildfolge der Gefahr der Sentimentalität. Unterhaltung pur also. Ein Riesenerfolg. Trotzdem mußte der Regisseur Wilhelm Thiele drei Jahre später in die USA emigrieren. „Die Drei von der Tankstelle", sein bester Film, wurde 1937 von den Nazis verboten.

BERLIN – ALEXANDERPLATZ

Berlin, Ende der 20er Jahre. Franz Biberkopf hat eine vierjährige Gefängnisstrafe verbüßt, weil er seine Freundin unter Alkoholeinfluß getötet hatte. Geld will er nur noch auf ehrliche Weise verdienen. Doch der alte Freundeskreis animiert ihn wieder zu Einbruch und Diebstahl. Der Ganove Reinhold setzt dazu alle Mittel ein. Als das mißlingt, stößt er Franz aus einem fahrenden Auto. Biberkopf muß nach diesem „Unfall" ein Arm amputiert werden. Mieze, die neue Freundin, will Franz „retten", doch Reinhold ermordet sie brutal. Mit Cillys Hilfe gelingt Biberkopf schließlich doch noch der Schritt ins normale bürgerliche Leben: Am Alexanderplatz verkauft er Stehaufmännchen und tröstet sich mit dem Spruch: „Es geht schon wieder aufwärts, wenn das Herz am rechten Fleck sitzt".

Produktion:	Allianz-Tonfilm GmbH
	1931 s/w 88 min.
Regie:	Phil Jutzi
Buch:	Alfred Döblin, Karl Heinz Martin, Hans Wilhelm, nach dem gleichnamigen Roman von Alfred Döblin
Kamera:	Nikolaus Farkas
Musik:	Allan Gray
Darsteller:	Heinrich George, Maria Bard, Bernhard Minetti, Gerhard Bienert, Margarete Schlegel, Paul Westermeier, Albert Florath, Hans Deppe u. a.

Alfred Döblins gleichnamiger Roman, der dem eindrucksvollen Film zugrunde liegt, erschien 1929. Er war ein literarisches Ereignis, weil er die Stimmung in der Weimarer Republik Ende der 20er Jahre sehr genau traf. Obwohl Döblin selbst als Drehbuchautor fungierte und die Möglichkeit bildkommentierender Texte nutzte, warf man dem Film vor, er habe die sozialkritische Schärfe der Romanvorlage verflacht.

Der Regisseur Phil Jutzi hatte sich zuvor durch den Stummfilmklassiker „Mutter Krausens Fahrt ins Glück" (1929) als hervorragender Kenner des proletarischen Milieus und Anwalt der Existenzbedrohten erwiesen. Heinrich George als Biberkopf hat seinen Ruf als einer der besten deutschen Theater- und Filmschauspieler nicht zuletzt dank dieser Rolle erlangt. Die Vitalität und Gutmütigkeit des Biberkopf, seine Gefühlsausbrüche und die verzweifelte und leicht manipulierbare Psyche verschmelzen zu einer berührenden Charakterstudie.

DER KONGRESS TANZT

1814. Napoleon sitzt in der Verbannung auf der Insel Elba. Diplomaten, Minister, Könige und Fürsten aus allen Ländern Europas treffen sich in Wien, um den alten Kontinent nach dem Sieg über den Korsen neu zu ordnen. Als auch Zar Alexander in der festlich geschmückten Kaiserstadt eintrifft, gerät die hübsche Verkäuferin Christel aus dem Häuschen. Ihren Begrüßungsstrauß wirft sie so heftig, daß man in der Kalesche ein Attentat vermutet. Also Verhaftung und angedrohte Bestrafung. Aber Pepi, Metternichs verliebter Sekretär, interveniert erfolgreich, denn der Zar ist inzwischen vom heftigsten Gefühl zu diesem Mädchen beseelt. Die Romanze mit der kleinen Handschuhverkäuferin wird Vorwand und Hintergrund eines Intrigenspiels, in dem auch ein Doppelgänger des Zaren mit von der Partie ist.

Produktion:	Universalfilm A.-G. (Ufa) 1931 s/w 94 min.
Regie:	Eric Charell
Buch:	Norbert Falk, Robert Liebmann
Kamera:	Carl Hoffmann
Musik:	Werner R. Heymann
Darsteller:	Lilian Harvey, Willy Fritsch, Otto Wallburg, Conrad Veidt, Carl Heinz Schroth, Lil Dagover, Adele Sandrock, Paul Hörbiger u. a.

Eine Depesche mit der Nachricht, Napoleon sei wieder in Frankreich, beendet abrupt den rauschenden Ball am Hof ebenso wie den Kongreß. Die Gäste reisen ab. Es ist auch das Ende des Traums der Christel Weinzinger, die nun mit Pepi in die nächste Runde geht.

Was heute in Hollywood das Musical, war im frühen deutschen Tonfilm das beliebte Genre der Operette. „Der Kongreß tanzt" wurde ein Welterfolg, der erfolgreichste Film des Jahres. Erik Charell konnte Erfahrungen aus zahlreichen Revue-Inszenierungen in seinen ersten Film einbringen. Er schuf ein Meisterwerk der Unterhaltungskunst. Die märchenhafte, ironische Story in prunkvoller Ausstattung, mit schwungvoller Musik, Alt-Wiener Melodien, Heurigen-Idylle und Evergreens wie „Das gibt's nur einmal" oder „Es muß ein Stück vom Himmel sein" sind der Stoff, aus dem die Träume sind. Und wenn schließlich das Traumpaar des damaligen deutschen Films Harvey/Fritsch für ein Millionenpublikum tanzen, singen und lachen durfte, war der Erfolg vorprogrammiert.

M – EINE STADT SUCHT EINEN MÖRDER

Berlin, 30er Jahre. Die kleine Elsie Beckmann wird ermordet aufgefunden. Ein Kindermörder versetzt die Stadt in Angst und Panik. Kriminalkommissar Lohmanns Razzien bleiben erfolglos. Die organisierte Unterwelt der Taschendiebe und Schwerverbrecher fühlt sich gestört. Der Ganove Schränker mobilisiert seine Leute.

Der Mörder verrät sich durch eine gepfiffene Melodie von Grieg. Man malt ihm ein „M" auf den Mantel und erklärt ihn zum Freiwild. Die Verbrecher fangen ihn und halten Gericht. Die Polizei kann gerade noch verhindern, daß der Psychopath ein Opfer von Lynchjustiz wird.

Fritz Langs legendärer Kriminalfilm, der Peter Lorre zum Star machte, ist ein Klassiker der deutschen Kinematographie. Er entstand in der Zeit des aufkommenden Faschismus nach einem authentischen Mordfall und spiegelt die Atmosphäre jener Jahre beklemmend wider: Arbeitslosigkeit, Gewalt, Verunsicherung und Hysterie. Die damaligen Zensoren verstanden den geplanten Untertitel „Mörder unter uns" und verboten ihn, wie später den ganzen Film. Inzwischen hat „M" den Untertitel „Eine Stadt sucht einen Mörder".

Lang hat in seinem ersten Tonfilm die neuen technischen Gestaltungsmittel wirkungsvoll eingesetzt. Das ernste Thema hat er mit komischen Szenen und Gags aufzulockern versucht. Dunkel ausgeleuchtete Exteriuers des Berliner Straßenbildes der 30er Jahre sind idealer Hintergrund der Verbrecherjagd. Langs schwankende Sympathiebekundungen für ähnliche Verhaltensweisen

Produktion: Nero-Film AG 1931 s/w 98 min.
Regie: Fritz Lang
Buch: Fritz Lang, Thea von Harbou
Kamera: Fritz Arno Wagner
Musik: Adolf Jansen
Darsteller: Peter Lorre, Otto Wernicke, Gustaf Gründgens, Theo Lingen, Paul Kemp, Gerhard Bienert, Inge Landgut, Ellen Widman u. a.

von Jägern und Gejagten, von Polizisten und Verbrechern machen das Besondere der Dramaturgie dieses gesellschaftskritischen Films mit namhaften Schauspielern und darstellerischen Glanzleistungen aus.

Dieses Meisterwerk gehört heute zu den berühmtesten Filmen der Welt.

KUHLE WAMPE
ODER WEM GEHÖRT DIE WELT?

Berlin, Anfang der 30er Jahre. Im Hinterhof eines Eckhauses wohnt die Arbeiterfamilie Bönike. Die ergebnislose Jagd nach Tagelöhnerarbeiten hat den jungen Bönike zermürbt, treibt ihn zum Selbstmord. Steigende Mieten erzwingen die Exmittierung der Familie. Annis Freund Fritz besorgt eine Behelfsunterkunft in der Laubenkolonie „Kuhle Wampe" am Müggelsee. Schwangerschaft, Verlobung und Trennung. Wiedersehen bei einem großen Arbeitersportfest mit Agitprop-Theater-Einlagen. Bei der Heimfahrt in der S-Bahn kommt es zwischen Proletariern und Kleinbürgern zu einer politischen Diskussion, in deren Mittelpunkt die Frage erörtert wird, wem die Welt gehört.

Dieses außergewöhnliche Beispiel proletarischer Filmkunst gehört zu den besten Werken der deutschen Filmgeschichte. Spielfilmszenen sind mit Dokumentar-

Produktion:	Prometheus Film/Praesens Film GmbH/ Tobis Filmkunst GmbH 1932 s/w 70 min.
Regie:	Slatan Dudow
Buch:	Bertolt Brecht, Ernst Ottwald
Kamera:	Günther Krampf
Musik:	Hanns Eisler
Darsteller:	Hertha Thiele, Ernst Busch, Martha Wolter, Adolf Fischer, Lilly Schönborn, Max Sablotzki, Gerhard Bienert, Fritz Erpenbeck u. a.

aufnahmen verbunden, Schauspieler agieren neben Laiendarstellern. Finanzielle Schwierigkeiten konnten nur mit Hilfe von Gewerkschaften und unabhängigen Geldgebern gelöst werden. Hanns Eislers Musik und die von Helene Weigel und Ernst Busch gesungenen Balladen gehören zu den stärksten Wirkungskomponenten. „Kuhle Wampe" ist das Werk der sich ankündigenden eigenwilligen Regisseurpersönlichkeit Slatan Dudow.

Vor allem jedoch ist der Film geprägt von der Handschrift Brechts. Abgesehen von der Aktualität der Polemik gegen den § 218 lag es auf der Hand, daß die Zensur mehrfach das Verbot des Films forderte und schließlich erwirkte, da er den Präsidenten, die Beamten und Religion beleidige und geeignet sei „an den Grundfesten des Staates zu rütteln".

DAS TESTAMENT DES DR. MABUSE

Dr. Mabuse ist der prominenteste Patient in der Nervenklinik des Dr. Baum. Er ist von der Wahnidee besessen, die Menschheit in den Abgrund zu stürzen. Der Genius schmiedet detaillierte Pläne und schreibt Horrorszenarien. Mit hypnotischen Kräften zwingt er Dr. Baum, seine Hirngespinste von einer gewaltbereiten Verbrecherbande ausführen zu lassen. Chaos, Brandstiftungen und Mordfälle verunsichern die Menschen. Kommissar Lohmann wird mit dem außergewöhnlichen Fall beauftragt. Der geheimnisvolle Mabuse stirbt, aber die Verbrechen gehen weiter. Schließlich kann Dr. Baum überführt werden. In der Zelle seines großen Vorbilds findet man ihn – dem Wahnsinn verfallen.

Dr. Mabuse ist eine Schlüsselfigur des deutschen Grusel- und Horrorfilmgenres. In einem zweiteiligen Stummfilm hatte Fritz Lang diesen Verbrechertyp bereits auf die Leinwand gebracht. Zehn Jahre später hat er eine

Produktion:	Nero-Film AG 1933 s/w 113 min.
Regie:	Fritz Lang
Buch:	Thea von Harbou
Kamera:	Fritz Arno Wagner
Musik:	Hans Erdmann
Darsteller:	Rudolf Klein-Rogge, Oskar Beregi, Otto Wernicke, Gustav Dießl, Theo Lingen, Theodor Loos, Camilla Spira, Gerhard Bienert u. a.

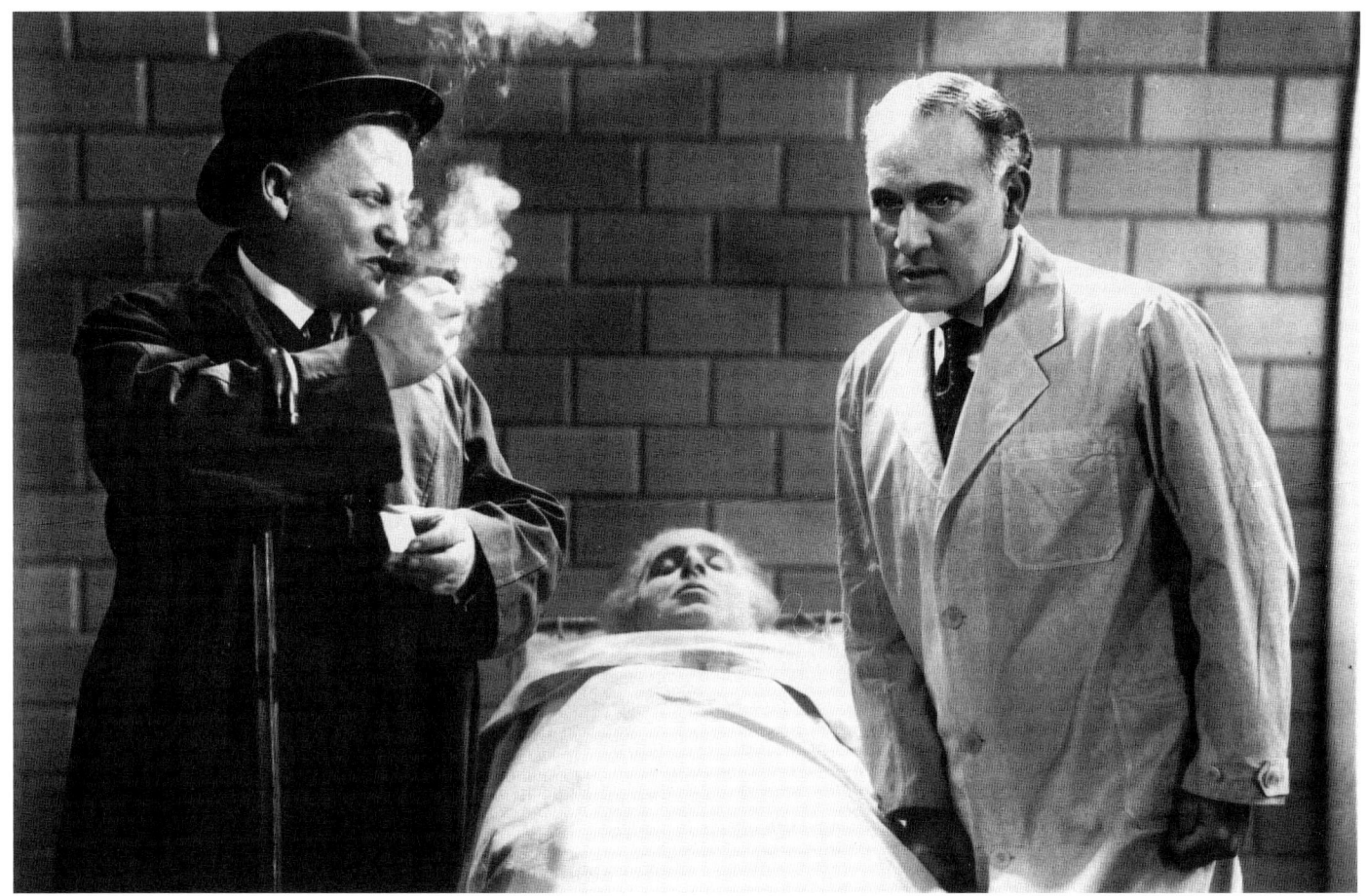

Gleichsetzung des Mabusischen Terrorsystems mit dem der Nazis beabsichtigt. Zu sehen ist jedoch mehr ein filmgeschichtlich bedeutendes Werk, in dem eine Atmosphäre des Schreckens und der Gewalt herrscht. Im weiteren Sinn ein Kriminalfilm mit spannender Handlung, mit Montagen und technischen Tricks, mit namhaften Darstellern und einem Kommissar Lohmann, den man schon aus „M" kennt.

„Das Testament des Dr. Mabuse" war Langs letzter Film vor der Emigration. Nach einem Gespräch mit Goebbels, der in diesem Regisseur den Schöpfer der „Nibelungen" und von „Metropolis" bewunderte, verließ Lang das Land. Der Film wurde verboten. Dennoch erfolgten Uraufführungen in Paris und am 12. Mai 1933 in Wien. Nach dem Krieg, im Alter von siebzig Jahren, hat Lang den Mabuse-Stoff zum dritten Mal verfilmt.

LIEBELEI

Produktion: Elite-Tonfilm GmbH 1933 s/w 82 min.
Regie: Max Ophüls
Buch: Hans F. Wilhelm, Curt Alexander, nach dem gleichnamigen Bühnenstück von Arthur Schnitzler
Kamera: Franz Planer
Musik: Theo Mackeben
Darsteller: Magda Schneider, Wolfgang Liebeneiner, Luise Ullrich, Gustaf Gründgens, Olga Tschechowa, Willy Eichberger, Paul Hörbiger u. a.

Wien in den Jahren vor dem Ersten Weltkrieg. Die beiden Freunde Leutnant Fritz Lobheimer und Oberleutnant Theo Kaiser lernen bei einer Vorstellung im Burgtheater zwei fesche Wiener Maderln kennen. Christine, das etwas naivere Mädchen aus der Vorstadt, hat es Fritz angetan. Ihretwegen vernachlässigt er seine Liaison mit Baronin von Eggersdorf. Als der Baron die Untreue seiner Gemahlin bemerkt, fordert er Lobheimer nach alter Sitte zum Duell. Aus Verzweiflung über den Tod des Geliebten stürzt sich Christine aus dem Fenster. Oberleutnant Kaiser muß seinen Dienst quittieren, nachdem er sich bei seinem Regimentskommandeur über den sinnlosen Tod des Freundes empört. Die lebenslustige Mizzi und der Offizier a. D. werden ein glückliches Paar. Diese großartige, stimmungsvolle Verfilmung ist Max Ophüls' Meisterwerk. Versuche, den Erfolg zu wiederholen scheiterten, 1958 beispielsweise auch mit Romy Schneider und Alain Delon. Der 1902 in Saarbrücken geborene Ophüls war Journalist, Schauspieler und Regisseur in Berlin, Breslau und Wien. Kurz nach der Uraufführung von „Liebelei" mußte er 1933 über Frankreich nach Hollywood emigrieren. 1950 kehrte er nach Europa zurück und nahm die französische Staatsbürgerschaft an. Noch im selben Jahr hatte er den „Reigen" verfilmt und damit seine leidenschaftliche Liebe zu Arthur Schnitzlers Dramatik erneuert.
Vor der glanzvollen Fassade der k. u. k. Monarchie um die Jahrhundertwende erzählt Schnitzler in seinem erfolgreichsten Bühnenstück „Liebelei" Liebesgeschich-

ten mit ungleichen Vorzeichen. Ophüls übernahm dieses kritische Anliegen und verurteilte Standesdünkel und mahnte zu Toleranz. Das Duell ist Dreh- und Angelpunkt des Geschehens, über dem ein Hauch resignativer Abschiedsstimmung liegt. Es wird zum Symbol eines anachronistischen Ehrenkodexes und dekadenten Lebensstils. Die Inszenierung zeichnet sich durch leise melancholische Zwischentöne und den gekonnten Einsatz aller filmischen Gestaltungsmittel aus: Ausstattung, Schauplätze, Wiener Milieu, Musik, locker hingetupfte Dialoge. Und natürlich lebt der Film von den Leistungen ausgezeichneter Schauspieler: Magda Schneider, Luise Ullrich und Wolfgang Liebeneiner hatten erstmals bedeutende Rollen erhalten.

DER MANN, DER SHERLOCK HOLMES WAR

Die schlechte Auftragslage veranlaßt zwei Privatdetektive einer Kleinstadt, in der Maske des berühmten Meisterdetektivs Holmes und seines Assistenten Dr. Watson durch die Lande zu reisen. Im Zug nach Paris machen sie die Bekanntschaft zweier reizender Schwestern. Auf Marys und Janes Spur bleibend, lösen die Kriminalisten auf dem Schloß Professor Berrys, des verstorbenen Onkels der beiden Damen, einen geheimnisvollen Fall von Betrug größten Ausmaßes. In den Räumlichkeiten finden sie eine komplette Einrichtung zur Fälschung von Banknoten. Sie kombinieren messerscharf, daß selbiger Onkel auch die berühmte „Blaue Mauritius" gefälscht hat. Dem Glück der beiden enttäuschten Erbinnen steht schließlich nur noch im Wege, daß Holmes und Watson vor Gericht ihr Inkognito preisgeben müssen.

Der österreichische Regisseur Karl Hartl (1899–1978), in den 30er Jahren durch Abenteuerfilme mit Luis Trenker bekanntgeworden, hatte im Genre des Unterhaltungsfilms schon erfolgreiche Streifen mit Willi Forst, Gustaf Gründgens, Willy Birgel u. a. aufzuweisen, als es ihm 1937 gelang, zwei der beliebtesten deutschen Schauspieler für diese köstliche Persiflage vor die Kamera zu holen. Albers und Rühmann hatten 1931 in „Bomben auf Monte Carlo" ihren ersten gemeinsamen Kinoerfolg, den sie 1954 im dritten Anlauf in Liebeneiners „Auf der Reeperbahn nachts um halb eins" allerdings nicht wiederholen konnten. In den Paraderollen als Sherlock Holmes und Dr. Watson aber übertrafen die beiden Komiker alle Erwartungen. Vor allem ihre Mit-

Produktion: Universalfilm A.-G. (Ufa) 1937 s/w 106 min.
Regie: Karl Hartl
Buch: Robert A. Stemmle, Karl Hartl
Kamera: Fritz Arno Wagner
Musik: Hans Sommer
Darsteller: Hans Albers, Heinz Rühmann, Marieluise Claudius, Hansi Knoteck, Hilde Weissner, Siegfried Schürenberg, Paul Bildt, Eduard von Winterstein, Ernst Legal, Ernst Waldow u. a.

wirkung machte diese Ufa-Produktion zu einem Stück unbeschwerter Unterhaltung. Aber auch die Idee, den ansonsten seriösen Paul Bildt für die Rolle des Sir Conan Doyle zu engagieren, der seine beiden „Schöpfungen", die berühmtesten Detektive der englischen Kriminalgeschichte, ironisch begleiten darf, ist höchst amüsant umgesetzt. Der erfahrene Regisseur und Drehbuchautor R. A. Stemmle war Garant witziger Dialoge und einer turbulenten Handlung. Auch der bekannte, noch heute oft gespielte und von dem berühmten Duo interpretierte Ohrwurm „Jawohl, meine Herr'n" hat viel zum überragenden Erfolg dieser spannungsvollen Kriminalfilmparodie mit schauspielerischen Kabinettstückchen beigetragen.

DER POSTMEISTER

Produktion: Wien-Film GmbH 1940 s/w 95 min.
Regie: Gustav Ucicky
Buch: Gerhard Menzel,
nach der gleichnamigen Novelle
von Alexander Puschkin
Kamera: Hans Schneeberger
Musik: Willy Schmidt-Gentner
Darsteller: Heinrich George, Hilde Krahl,
Siegfried Breuer, Hans Holt,
Ruth Hellberg, Margit Symo u. a.

Eine entlegene Poststation im großen russischen Zarenreich des Jahres 1816.
Der alte Postmeister, ein Beamter niedrigsten Rangs, versieht seinen Dienst pflichtgemäß. Er muß die launischen Wünsche durchreisender Herrschaften erfüllen, die alle vorgeben, nur wenig Zeit zu haben und eigentlich nur sich und ihre Pferde vor der Weiterfahrt erfrischen wollen. Doch eilige und unfreundliche Gäste ändern ihre Pläne, wenn Dunja auftaucht, die schöne Tochter des Postmeisters. Dem schneidigen Rittmeister Minskij gelingt es, das Mädchen nach Petersburg zu locken. Schnell vergißt Dunja in der neuen Umgebung die Tristesse des bisherigen Lebens. Als Minskijs Interesse erlahmt, wird das Mädchen im billigen Vorstadtquartier zur Mätresse gutbetuchter Liebhaber. Kunde davon erreicht den Vater anstatt der erwarteten Mitteilung des Ehestandes. Beunruhigt macht er sich auf die Reise. Er bemerkt nicht, daß seine Tochter ihm eine Hochzeitsfeier vorgaukelt. Glücklich fährt er zurück. Von diesem Manöver getäuscht, zieht sich auch Fähnrich Mitja von Dunja zurück. Vor ihrem Selbstmord nimmt sie Minskij den Schwur ab, dem Vater mitzuteilen, daß sie als Frau des Rittmeisters gestorben sei.
Zwölfmal hat Gerhard Menzel Drehbücher für Ucicky geschrieben. Der inzwischen ein halbes Jahrhundert alte Schwarzweißstreifen ist ein überzeugendes Beispiel des sogenannten guten alten Kinos.
Die emotional stark berührende Geschichte basiert auf einem Meisterwerk der russischen Literatur des 19. Jahr-

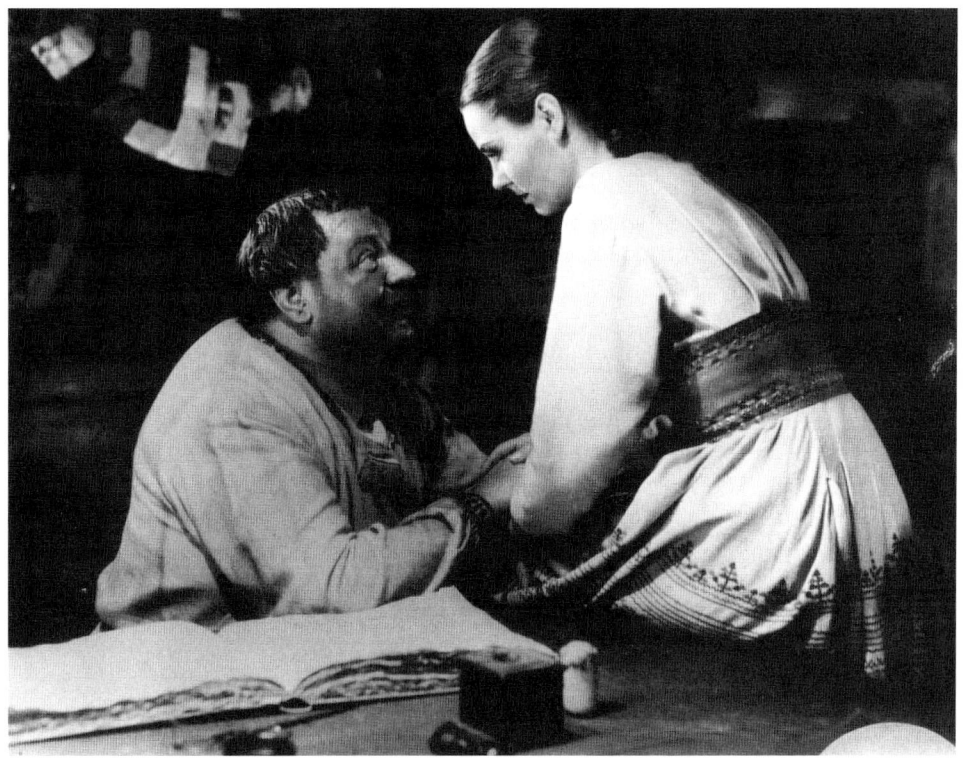

hunderts. Zu Alexander Puschkins zahlreichen glanzvollen Erzählungen wie „Dubrowski", „Pique Dame", „Die Hauptmannstocher" oder „Das Duell" gehört auch „Der Postmeister", das bekannteste Juwel aus dem Zyklus „Erzählungen Belkins". Puschin (1799–1837) hat in diesem kurzen Text modellhaft das gültige Bild eines einfachen Menschen dargestellt, der getreu den Idealen seiner Erziehung lebt, ohne die neuen Spielregeln der ihn umgebenden Gesellschaft wahrzunehmen. Der österreichische Regisseur und Kameramann Gustav Ucicky (1899–1961) hat mehr als 50 Filme gemacht mit Stars wie Albers, Gründgens u. v. a. In seinem Werk der überwiegend unterhaltenden Art befinden sich Filme wie „Hokuspokus" mit L. Harvey und W. Fritsch, „Der zerbrochene Krug" mit Jannings oder nach Vorlagen von Balzac, Zuckmayer, Ganghofer u. a. „Der Postmeister" ist ein Höhepunkt in Ucicky's Filmographie, aber auch in der Heinrich Georges.

George, einer der größten deutschen Schauspieler, dessen Leben unter wechselnden politischen Systemen tragisch endete, bereitet mit dieser prallen Rolle des vitalkraftvollen, gefühlsmäßig betonten, anachronistischen alten Mannes ein unvergeßlich eindrucksvolles Filmerlebnis.

QUAX, DER BRUCHPILOT

Produktion: Terra-Filmkunst GmbH
1941 s/w 91 min.
Regie: Kurt Hoffmann
Buch: Robert A. Stemmle, nach einer Erzählung von Hermann Grote
Kamera: Heinz von Jaworsky
Musik: Werner Bochmann
Liedtexte: Erich Knauf
Darsteller: Heinz Rühmann, Lothar Firmans, Karin Himbold, Harry Liedtke, Hilde Sessak u. a.

Otto Groschenbügel – genannt Quax – gewinnt bei einem Preisausschreiben eine kostenlose Ausbildung zum Sportflieger. Quax macht sich schon am ersten Tag in der Fliegerschule durch seine Angeberei und Disziplinlosigkeit unbeliebt. Unbelehrbar, wird er nach kurzer Zeit von Fluglehrer Hansen von der Schule gewiesen. Bei seiner Rückkehr erwarten ihn in seinem Heimatort gleich zwei Überraschungen: Zum einen ist seine Freundin auf Reisen gegangen, und zum anderen ist Quax am Stammtisch bereits zum berühmten Flieger avanciert. So muß Otto Groschenbügel zwangsläufig an die Schule zurück und das Fliegen lernen. Im Fliegerhorst setzt man alles daran, Quax den Aufenthalt zu verleiden. Aber niemand hat mit seiner Wandlungsfähigkeit gerechnet. Zwar ist er noch so manches Mal der Schrecken seiner Lehrer und Kameraden, doch immer mehr erweist sich Quax als ein unerschrockener Flieger. Damit gewinnt er nicht nur die Freundschaft und Achtung seines Lehrers und seiner Mitschüler, sondern auch die Liebe der reizenden Marianne.
Als dann der nächste Flugschülerkurs beginnt, führt ein gewisser Quax wieder einmal das große Wort. Doch nun zu Recht. Quax ist inzwischen Fluglehrer geworden.
„Quax, der Bruchpilot" war einer der größten Lacherfolge Heinz Rühmanns (1902–1994). Privat ein leidenschaftlicher Flieger, saß er auch während der Dreharbeiten selbst am Steuer. Auf den Tragflächen eines zweisitzigen Sportflugzeuges waren zwei Kameras montiert. So war er in der Luft gleichzeitig Schauspieler, Re-

gisseur und Kameramann. Rühmann zeigte in seiner Wandlung vom querköpfigen Möchtegern-Piloten zum vorbildlichen Fluglehrer seine hervorragenden komödiantischen Fähigkeiten. Nach dem Krieg wurde er wegen dieser Rolle hart attackiert, bekam von den Alliierten sogar kurzfristig Auftrittsverbot. Doch Rühmann versicherte immer wieder, daß er niemals das Gefühl gehabt habe, an einem „Machwerk der Wehrertüchtigungspropaganda" mitzuwirken. Auch aus heutiger Sicht erweist sich der Vorwurf als ungerechtfertigt. Vielmehr entstand unter der Regie von Kurt Hoffmann eine witzige Komödie, die den tristen Kriegsalltag für 90 Minuten vergessen ließ.

1945 drehte Helmut Weiss mit „Quax in Afrika" eine Fortsetzung. Sie wurde von den Alliierten verboten und erst 1953 uraufgeführt, erreichte aber nicht das künstlerische Format des Streifens von Kurt Hoffmann.

MÜNCHHAUSEN

Produktion: Universalfilm A.-G. (Ufa)
1943   Farbe   134 min. (auch 115 min.)
Regie: Josef von Baky
Buch: Berthold Bürger (= Erich Kästner),
frei nach Gottfried August Bürger
Kamera: Werner Krien, Konstantin Irmen-Tschet
Musik: Georg Haentzschel
Darsteller: Hans Albers, Hermann Speelmanns,
Käthe Haack, Brigitte Horney,
Ilse Werner, Marina von Ditmar,
Gustav Waldau u. a.

Anläßlich eines Rokokofestes auf Schloß Bodenwerder an der Weser erzählt der letzte Nachfahre Münchhausens der jungen Sophie von den weltweiten Abenteuern des berühmten Lügenbarons. Rückblenden führen in das 18. Jahrhundert: Münchhausen trifft mit seinem Begleiter in Petersburg ein und macht sofort großen Eindruck auf die Zarin Katharina. Potemkin duelliert sich mit ihm, Graf Cagliostro schenkt ihm das Elexier ewiger Jugend. Es folgt des Barons Ritt auf der Kanonenkugel in das feindliche Lager der Türken, wo die schöne Isabella schon auf ihre Befreiung wartet. Nach kurzer Romanze mit ihr in Venedig und einem Gespräch mit Casanova muß er mit einem Ballon auf den Mond fliegen. Wieder auf der Erde, gibt er das Geschenk zurück und genießt die Freuden der Weisheit des Alters.

Zum 25jährigen Jubiläum der Ufa hatte ihr Schirmherr, der Reichspropagandaminister, einen aufwendigen Farbfilm in Auftrag gegeben. Erich Kästner, für Ironie und pointierte Einfälle bekannt, wurde als Drehbuchautor gewonnen, nachdem das Schreibverbot gegen ihn außer Kraft gesetzt wurde, jedoch mit der Auflage, unter Pseudonym zu schreiben. Der Name zielte natürlich auf den geistigen Vater der großen literarischen Vorlage. Von Bakys Inszenierung kam dem Wunsch nach Unterhaltung durch prachtvolle Ausstattung nach. Es war eine Paraderolle für Hans Albers, den idealen Interpreten der Titelfigur. Aber auch zahlreiche Stars der damaligen Zeit wie Wilhelm Bendow, Ilse Werner oder Leo Slezak wirkten in kleineren Parts des aktionsreichen Films mit. Filmgeschichtliche Bedeutung erlangte „Münchhausen" vor allem durch die verblüffenden Spiegeltrickeffekte, die Konstantin Irmen-Tschet mit einer Spezialkamera eigens für die Realisierung der herrlichen Bilder dieser phantastischen Geschichten ausgetüftelt hatte.

ROMANZE IN MOLL

Produktion: Tobis Filmkunst GmbH
1943 s/w 94 min.
Regie: Helmut Käutner
Buch: Willy Clever, Helmut Käutner,
nach Motiven einer Novelle
von Guy de Maupassant
Kamera: Georg Bruckbauer
Musik: Lothar Brühne, Werner Eisbrenner
Darsteller: Marianne Hoppe, Paul Dahlke,
Ferdinand Marian, Siegfried Breuer,
Anja Elkoff, Karl Platen,
Elisabeth Flickenschildt, Eric Helgar,
Karl Platen u. a.

Eine Kleinstadt um 1900. Im Pfandhaus versetzt ein Mann den Schmuck seiner Frau, die wegen eines Selbstmordversuchs im Krankenhaus liegt. Eine wertvolle Perlenkette erregt das Interesse des Ehegatten. In Rückblenden blättert zunächst der Juwelier das Leben Madeleines auf. Der Käufer jener Perlen war Michael, ein Bonvivant und bekannter Komponist. Die schöne Frau wird zu seiner Muse. Sie inspiriert den Maestro zu dem titelgebenden Musikstück, mit dem er auch wieder Erfolg hat. Das Doppelleben der gelangweilten Ehefrau wird von Viktor entdeckt, einem Angestellten der Bank ihres Mannes. Viktor erpreßt Madeleine. Sie schreibt einen Abschiedsbrief an den Geliebten und nimmt Gift. Michael tötet Viktor im Duell und bekennt die Wahrheit. Doch für Madeleines Mann scheint das Leben ohne diese Frau keinen Sinn mehr zu haben.
Helmut Käutner inszenierte dieses Melodram, das zu den wenigen künstlerisch bedeutenden Filmen gehört,

die während der Nazi-Diktatur entstanden. Es scheint kaum noch notwendig darauf hinzuweisen, daß auch diese pessimistische Geschichte eines Ehebruchs Goebbels erregte, weil er darin die Moral „der Volksgemeinschaft" gefährdet sah. Das Verbot mußte nach einigen Testvorführungen jedoch wieder aufgehoben werden. Im Inland wurde die Wirkung des Melodrams durch diese Eingriffe beeinträchtigt. Aber im Ausland fand der Film die ihm gebührende Achtung, erntete er überschwengliche Kritiken. Ein Merkmal aller Filme Käutners, der vor allem mit drei künstlerisch bedeutenden Produktionen – „Romanze in Moll", „Große Freiheit Nr. 7" und „Unter den Brücken" – in den vierziger Jahren Filmgeschichte schrieb, ist die genaue, atmosphärisch dichte Zeichnung des Milieus und die intensive Arbeit mit den Schauspielern. Die tragische Dreiecksgeschichte „Romanze in Moll" ist in erster Linie ein Film der Marianne Hoppe, die mit Gustaf Gründgens verheiratet war. Die französische Kritik war begeistert von dieser Maupassant-Adaption und von der Sensibilität, die die damals 33jährige Schönheit in dieser Rolle zeigte. Man verglich sie mit der engelhaften Ausstrahlung Michèle Morgans.

GROSSE FREIHEIT NR. 7

Hamburg, 40er Jahre. Auf der Reeperbahn in St. Pauli verdient Hannes Kröger als Stimmungssänger sein Geld, obwohl er den Traum, wieder auf große Fahrt zu gehen, noch nicht aufgegeben hat. Seinen alten Kumpels Jens und Fiete mag er die Geschichte seiner verkorksten Erbschaft nicht erzählen. Doch als auch seine Liaison mit der hübschen Gisa nur die Eifersucht der schmachtenden Anita erregt, der Prinzipalin des „Hippodrom", und Gisa ihre Gunst dem jungen Arbeiter Wilhelm schenkt, gelingt es ihm endlich, wieder anzuheuern ... Die Hamburger Dreharbeiten zu diesem großen Unterhaltungsfilm sind oftmals von Luftangriffen beeinträchtigt worden. Der Film mußte in Prag abgedreht werden und wurde dort auch im Dezember 1944 uraufgeführt. In Deutschland kam er erst nach dem Krieg in die Kinos. Die Zensur hatte ihn verboten, weil das darin gezeigte Bild des deutschen Mannes nicht den propagierten Normen entsprach. War dies das Geheimnis des Erfolgs von Hans Albers? Deutschlands beliebter Volksschauspieler hatte mit dieser Paraderolle sein Image als Liebhaber, Draufgänger und Abenteurer geprägt. Die Inszenierung, in der auch Ilse Werner eine ihrer besten Filmrollen spielte, zeigt deutlich die Handschrift ihres Regisseurs. Käutner hat den rauhen Alltag St. Paulis poetischer gemacht und dem allgemeinen Zweckoptimismus etwas Resignation entgegengesetzt. Heute würde man sagen, er hat einen Kultfilm gemacht, dessen wehmütige Lieder zu Ohrwürmern wurden.

Produktion: Terra-Filmkunst GmbH
1944   Farbe   104 min.
Regie: Helmut Käutner
Buch: Helmut Käutner, Richard Nicolas
Kamera: Werner Krien
Musik: Werner Eisbrenner
Darsteller: Hans Albers, Ilse Werner, Hans Söhnker, Gustav Knuth, Hilde Hildebrandt, Günther Lüders u. a.

DIE FEUERZANGENBOWLE

Vier ältere Herren, in seliger Runde um eine Feuerzangenbowle versammelt, sind beim Kalauern und Witzeln. Bei den Anekdoten über vergangene Schuljahre kann Dr. Pfeiffer nicht mithalten. Er hatte nur einen Hauslehrer. Ob dieses Privileg nun von Vor- oder Nachteil für ihn gewesen sei, wird Gegenstand einer Wette. Unter den Bedingungen fortgeschrittenen Alkoholgenusses macht der angesehene Schriftsteller das Spiel mit. Dr. Pfeiffer verläßt Berlin und seine hübsche Marion. In einem Ort, wohin sein Dichterruhm noch nicht ganz vorgedrungen ist, nimmt er ein Zimmer und wird Zögling des Gymnasiums. Um Eva, der reizenden Tochter des Direktors zu imponieren, stellt Pfeiffer nun die toll-

Produktion:	Terra-Filmkunst GmbH 1944 s/w 97 min.
Regie:	Helmut Weiß
Buch:	Heinrich Spoerl, nach seinem gleichnamigen Roman
Kamera:	Ewald Daub
Musik:	Werner Bochmann
Darsteller:	Heinz Rühmann, Karin Himboldt, Erich Ponto, Paul Henckels, Max Gülstorff, Hans Leibelt, Hans Richter, Hilde Sessak, Ewald Wenck, Albert Florath u. a.

sten Sachen an. Mit zünftigen Primanerstreichen provoziert er das ehrenwerte und empörte Lehrerkollegium. Ein Zettel am Eingangstor mit der Aufschrift „Wegen Umbauarbeiten bleibt das Gymnasium bis auf weiteres geschlossen!" bildet den absoluten Höhepunkt und auch das abrupte Ende seiner späten Pennälerkarriere. Er muß die Einrichtung wieder verlassen. Dr. Pfeiffer erwacht aus dem Rausch der Feuerzangenbowle.

„So ein Flegel" hieß die erste Verfilmung, die R. A. Stemmle 1934, ein Jahr nach Erscheinen des Romans „Die Feuerzangenbowle", realisiert hatte. Heinz Rühmann spielte darin eine Doppelrolle. Obwohl ihm Komiker wie Oskar Sima und Rudolf Platte zur Seite standen und der Film zu den Kassenschlagern der Saison gehörte, blieb diese Version weit hinter dem Erfolg der Neuverfilmung aus dem Jahr 1944 zurück. Rühmann, in dessen Karriere „Die Feuerzangenbowle" einen Höhepunkt darstellt, hatte Helmut Weiß mit der Regie beauftragt und selbst die Position des Gesamtspielleiters inne. Und vor allem natürlich wieder die Hauptrolle: Das Verschmitzte, dieses Lächerlich-machen-dürfen von Autoritäten und die geheime Komplizenschaft zwischen Akteur und Zuschauer, hier ja nur eine Gastrolle zu geben, machen das Wesen dieser exzellenten Darstellung aus, die zu den bleibenden Erinnerungen an einen der größten Komödianten des deutschen Films gehört. „Die Feuerzangenbowle" wurde zu einem Klassiker des Unterhaltungsfilms und ist sozusagen der Pilotfilm, das Urbild der zahlreichen Pauker- und Lümmelfilme der 60er und 70er Jahre.

DIE FRAU MEINER TRÄUME

Der Revuestar Julia Köster ist theatermüde. Die Tänzerin hat nur einen Wunsch: Ferien! Fluchtartig verläßt sie deshalb die Garderobe, setzt sich geradewegs in einen Zug und fährt nach Tirol. Das allerdings ohne Gepäck, lediglich mit einem Pelzmantel über der zarten Unterwäsche. Wie nicht anders zu erwarten, ist das erste Mißgeschick nicht fern. Beim Umsteigen in ein anderes Abteil bleibt sie in der Dunkelheit auf freier Strecke zurück. Unter den ihr zu Hilfe eilenden Bauarbeitern ist auch Oberingenieur Peter Groll, zu dem sich Julia sofort hingezogen fühlt. Auch der sonst so zurückhaltende Peter verliebt sich in die junge Frau. Für ihn ist Julia sogar bereit, ihre Karriere zu opfern. Doch zunächst möchte sie erst einmal Peters Vorbehalte gegen die „leichte Muse" zerstreuen. Aber als Julias Inkognito mit dem eintreffenden Gepäck nebst Zofe und Theaterdirektor gelüftet wird, fühlt Peter sich betrogen und weist Julia ab. Sie geht zurück ans Theater, an dem ein neues Stück auf sie wartet. Am Tag der Premiere steht Peter in ihrer Garderobe. Noch gibt es kein Happy-End, aber es ist greifbar nahe.

„Die Frau meiner Träume" ist der erste Revue-Farbfilm der Ufa und gleichzeitig einer der besten Revuefilme überhaupt. Temperamentvolles, singendes und tanzendes „Paradepferd" der Ufa: Marika Rökk. Mit ihren großen Erfolgen – u. a. „Es war eine rauschende Ballnacht" (1939), „Kora-Terry" (1940), „Frauen sind doch bessere Diplomaten" (1941) – spielte sie dem deutschen Film Millionen ein. Auch in „Die Frau meiner

Produktion:	Universalfilm A.-G. (Ufa) 1944 Farbe 93 min.
Regie:	Georg Jacoby
Buch:	Johann Vaszary, Georg Jacoby
Kamera:	Konstantin Irmen-Tschet
Musik:	Franz Grothe
Darsteller:	Marika Rökk, Wolfgang Lukschy, Walter Müller, Georg Alexander, Grethe Weiser u. a.

Träume" wirbelt die Ungarin keck, übermütig, schwingend und schwebend, gleichsam Musik und Rhythmus geworden, über die Leinwand. Gleißende Farbenpracht, schöne Frauen, sprühende Heiterkeit, betörende Melodien und eine unberührte Winterlandschaft ließen das Publikum vergessen, daß in Deutschland eine Stadt nach der anderen in Trümmer fiel.

Hervorzuheben sind auch das erfrischende Spiel von Grethe Weiser als Zofe Luise und die beschwingte Musik von Franz Grothe. Das Lied „In der Nacht ist der Mensch nicht gern alleine" wurde sofort zum Schlager. Nach der Uraufführung des unter der Regie von Georg Jacoby gedrehten Revuefilms beanstandete Propagandaminister Goebbels das für einen spanischen Tanz tief dekolletierte Kostüm der Rökk mit den Worten: „Das ist frivol – so tanzt eine deutsche Frau nicht".

UNTER DEN BRÜCKEN

Produktion: Universalfilm A.-G. (Ufa)
1945 s/w 95 min.
Regie: Helmut Käutner
Buch: Walter Ulbrich, Helmut Käutner, nach Leo de Laforgues Manuskript „Unter den Brücken von Paris"
Kamera: Igor Oberberg
Musik: Bernhard Eichhorn
Darsteller: Carl Raddatz, Gustav Knuth, Hannelore Schroth, Hildegard Knef, Ursula Grabley, Margarete Haagen, Walter Gross, Erich Dunskus u. a.

Hendrik und Willi sind glücklich. Sie haben sich und ihren Schleppkahn. Ihre Freundschaft gerät ins Wanken, als Anna in ihr Leben tritt, die „bei Jaenicke an der Jannowitzbrücke Kartoffelpuffer backt." Sie nimmt die Einladung an Bord an und fährt mit beiden Männern die Havel entlang nach Berlin. Es kommt, wie es kommen muß. Man verliebt sich ineinander. Mißverständnisse, Streit. Anna verläßt den Kahn. Die Freunde beschließen: Wer Annas Ja-Wort erhält, bekommt das Schiff. Hendrik fährt allein weiter, Willi geht auf Pirsch. Doch bald bemerkt er, daß Annas Liebe dem Freund gilt. Als er Hendrik seine Niederlage eingesteht, wird das Agreement annulliert. Nun fahren drei in herzlicher Freundschaft verbundene Menschen gemeinsam durch eine nahezu geträumte Landschaft ohne Krieg.
Ein sehr intimer, schöner und sympathischer Film. Ein einzigartiges filmgeschichtliches Beispiel poetischer Filmkunst. Die zeitlose, fast traumhafte Dreiecksgeschichte ist bewußt und deutlich erkennbar als Abkehr vom Prunk der üblichen Ufa-Produktionen konzipiert und realisiert worden. Mit geringstem Aufwand wurde aus dieser Flußschifferromanze ein kraftvolles, lebensbejahendes Epos über Freundschaft, Liebe und Glück. Wie die Regisseure des späteren „Neorealismus" und der „Neuen Welle" hat Käutner Außenaufnahmen bevorzugt. Vor dem Hintergrund des letzten Kriegsjahres wurde auf der Havel an der Glienicker Brücke gedreht, gab es durch Bombenangriffe erzwungene Drehpausen. Atmosphäre und stimmungsvolle Passagen sind milieu-

echt und meisterlich in Szene gesetzt. Käutners Bekenntnis zu ruhiger Beschaulichkeit in hektischer Zeit gelang vorallem auch durch den Glücksgriff auf diese drei souverän agierenden Hauptdarsteller Carl Raddatz, Gustav Knuth und Hannelore Schroth. „Reclams Filmführer" meint: „Die Abwesenheit jeglicher Politik war hier zweifellos ein Politikum" und „Dieser ganz private Film sei wohl der beste, der im Dritten Reich gedreht wurde". Und auch Käutner selbst und Gustav Knuth hielten ihn für ihren besten.

Selbstverständlich scheint hier schon der Hinweis auf das Verbot. „Unter den Brücken" gelangte erst 1950 in die Kinos.

DIE MÖRDER SIND UNTER UNS

Berlin, Mai 1945. Der Arzt Dr. Mertens kehrt aus dem Krieg zurück. Inmitten der Trümmerberge richtet er sich in einer zerbombten Wohnung ein. Einsam irrt er durch die Straßen der zerstörten Stadt. Susanne Wallner, die Besitzerin der Wohnung, taucht auf. Die junge Frau, gerade der Hölle des Konzentrationslagers entkommen, einigt sich mit dem unerwarteten Untermieter auf die gemeinsame Nutzung der Wohnung. Auch in der Hoffnung auf Liebe und Glück natürlich. In einem Lokal begegnet Mertens seinem ehemaligen Kompaniechef. Ferdinand Brückner, als Fabrikbesitzer inzwischen schon wieder auf dem Weg nach oben, gibt sich zufrieden, jovial und prahlerisch. Mertens kann jedoch die Bilder einer von Brückner befohlenen Geiselerschießung in Polen nicht vergessen. Aus Wut und Verzweiflung beschließt er, den Mann, der sich keiner Schuld bewußt ist, zu töten. Im letzten Augenblick kann Susanne ihn von diesem Vorhaben abhalten.

„Die Mörder sind unter uns" war der erste Film, der nach dem Krieg in Deutschland gedreht wurde. Im Exposé hieß er noch „Der Mann, den ich töten werde". Mit geringstem Aufwand und Budget hat Wolfgang Staudte ein außergewöhnliches Werk realisiert, das den Ruhm der klassischen Ära des DEFA-Spielfilmschaffens und die Weltkarriere der Knef begründete. Der Regisseur, den man als „unbequem" bezeichnete, sah sich als Moralist. In seinen besten Arbeiten hat er sich mit Erscheinungen unbewältigter deutscher Vergangenheit auseinandergesetzt, hat er Brandstiftern die Biedermannsmaske abge-

Produktion: DEFA 1946 s/w 85 min.
Regie: Wolfgang Staudte
Buch: Wolfgang Staudte
Kamera: Friedl Behn-Grund, Eugen Klagemann
Musik: Ernst Roters
Darsteller: Ernst Wilhelm Borchert, Hildegard Knef, Arno Paulsen, Erna Sellmer u. a.

nommen und Untertanengeist und Duckmäusertum attackiert. Die authentischen Exterieurs der Berliner Ruinenlandschaft gaben den perfekten Rahmen für die verzweifelte Stimmung der Protagonisten, Hell-Dunkel-Kontraste und souverän gehandhabte Blendentechnik machen den Schwarzweißstreifen auch optisch wirkungsvoll.

EHE IM SCHATTEN

Produktion: DEFA 1947 s/w 98 min.
Regie: Kurt Maetzig
Buch: Kurt Maetzig, nach der Novelle „Es wird schon nicht so schlimm" von Hans Schweikart
Kamera: Friedl Behn-Grund, Eugen Klagemann
Musik: Wolfgang Zeller
Darsteller: Paul Klinger, Ilse Steppat, Alfred Balthoff, Claus Holm, Hans Leibelt, Karl Hellmer u. a.

Februar 1933. Elisabeth Maurer feiert mit ihrem Kollegen und Partner Hans Wieland den Premierenerfolg von Schillers „Kabale und Liebe". Der Verleger Dr. Blohm, ein Verehrer Elisabeths, hat den beiden sein Ferienhaus auf Hiddensee überlassen. Ihre Rückkehr nach Berlin erfolgt unmittelbar nach der Machtergreifung der Nazis. Der Intendant muß die junge begabte Schauspielerin entlassen, weil sie Jüdin ist. Blohm zieht sich zurück, Wieland jedoch heiratet sie, auch in der Hoffnung, sie dadurch schützen zu können. Er macht Karriere, muß aber an die Front. Als er zu einer Filmpremiere nach Berlin kommen darf, stellt man ihn vor die Alternative Beruf oder Scheidung. Empört lehnt Hans Wieland ab. Provozierend verletzen beide das Hausverbot, als er Elisabeth zur Premiere mitnimmt. Der anwesende Staatssekretär ist begeistert von der Gnädigen Frau, überschüttet sie mit Komplimenten. Doch diese Begegnung wird zum Eklat: Hans erhält Auftrittsverbot, Elisabeth droht die Deportation. Beide wählen den gemeinsamen, auf der Bühne bereits mehrfach praktizierten Tod durch Gift.

Das authentische Schicksal des Schauspielers Joachim Gottschalk (1904–1941) steht im Mittelpunkt dieses klassischen DEFA-Films. Kurt Maetzig, Mitbegründer der DEFA, hat mit dieser emotional stark berührenden Studie über eine sogenannte „Mischehe" überzeugend debütiert und das Menschenverachtende des „Arisierungsprogramms" der braunen Machthaber in künstlerisch anspruchsvoller Weise verdeutlicht. Eindrucksvolle und unaufdringliche Darsteller haben die Dramatik des Geschehens und Schärfe des Konflikts ohne Pathos vermittelt und dabei auch weitgehend auf melodramatische Effekte verzichtet. Hans Schweikart schrieb die Novelle zur Erinnerung an seinen Freund Joachim Gottschalk. Dessen Schicksal steht stellvertretend für andere, aus rassistischen Gründen in den Tod getriebene Schauspieler wie Hans Otto, Kurt Gerron, Paul Morgan u. v. a.

Die Dreharbeiten fanden im damaligen Theater am Schiffbauerdamm statt, dem heutigen Domizil des Berliner Ensembles.

DAS KALTE HERZ

Produktion: DEFA 1950 Farbe 104 min.
Regie: Paul Verhoeven
Buch: Paul Verhoeven, Wolff von Gordon, nach dem gleichnamigen Märchen von Wilhelm Hauff
Kamera: Bruno Mondi
Tricktechnik: Ernst Kunstmann
Musik: Herbert Trantow
Darsteller: Lutz Moik, Hanna Rucker, Paul Bildt, Erwin Geschonneck, Lotte Loebinger, Paul Esser, Hansgeorg Laubenthal, Alexander Engel, Karl Hellmer u. a.

Es war einmal vor vielen, vielen Jahren im Schwarzwald. Peter Munk, der junge Köhler, muß die ganze Woche am rauchenden Meiler sitzen und warten, bis aus herbeigeschlepptem Holz Kohle wird, die er in der Stadt für ein paar Gulden verkaufen kann. Viel bekommt er nicht dafür. Deshalb träumt er von einem schöneren Leben als Glasmacher. Um seine Lisbeth heiraten zu können, geht er zum Glasmännlein, dem guten Geist des Waldes und borgt sich Geld. Als Peter eine Glashütte gekauft hat, vertrinkt er den Rest im Wirtshaus. Nun muß er zum Holländer-Michel, dem bösen Waldgeist. Der bietet Reichtum, verlangt aber Peters Herz. Kohlenmunk-Peter mit dem kalten, steinernen Herz ist jetzt der Reichste, aber auch der Geizigste. Die Habgier macht ihn gewalttätig. Als er schließlich sein Weib erschlagen hat, bittet er das Glasmännlein um Erfüllung eines weiteren Wunsches. Es fühlt sich nicht mehr zuständig, erklärt Peter aber, wie er den Holländer-Michel überlisten kann, um sein gutes Herz wiederzubekommen.

Es war der erste Märchenfilm und der erste Farbfilm der DEFA. Diese romantische Trollgeschichte nach einem bekannten Märchen Wilhelm Hauffs (1802–1827) bot Anlaß, filmtechnische Tricks einzusetzen und Realaufnahmen mit Trickbildern zu kombinieren. Die Wirkung solcher Szenen wie jener mit den puckernden Herzen in der Kammer des Holländer-Michel oder die der kontrastreichen Gegenüberstellungen von Groß und Klein oder die des Zusammenschrumpfens des bösen Waldgeistes ist seinerzeit noch mit relativ einfacher Technik erreicht worden: mit Spiegelreflexkameras und Wandermaskenverfahren.

DAS HAUS IN MONTEVIDEO

Produktion: Hans-Domnick-Filmproduktion GmbH
1951   s/w   106 min.
Regie: Curt Goetz
Buch: Curt Goetz, Hans Domnick,
nach dem Bühnenstück von Curt Goetz
Kamera: Werner Krien
Musik: Franz Grothe
Liedtext: Willy Dehmel
Darsteller: Curt Goetz, Valerie von Martens,
Ruth Niehaus, Albert Florath,
Günther Vogt, Eckart Dux u. a.

Professor Traugott Hermann Nägler herrscht über seine vielköpfige Familie mit aller Pedanterie, deren ein Schulmeister fähig ist. Frau Marianne und die gemeinsamen zwölf Kinder sind sein ganzer Stolz, seine Freude, aber auch sein großer Kummer, denn das Einkommen eines Oberlehrers ist nicht üppig. Deshalb platzt auch die Nachricht von einer Erbschaft wie eine Bombe ins Haus der Näglers. Schwester Josefine hat ihrem Bruder ein Haus in Montevideo vermacht. Nur Frau Marianne weiß, daß Josefine blutjung wegen eines „Fehltritts" von der Familie verstoßen wurde und für ihren tugendhaften Gatten tabu ist. Doch da die Näglers nun einmal nicht mit Glücksgütern gesegnet sind, bleibt Traugott Hermann Nägler nicht viel Zeit für verschämte Gewissensbisse. Deshalb fahren er und die älteste Tochter Atlanta zur Testamentseröffnung nach Südamerika. In Montevideo angekommen, gibt es eine Reihe von Überraschungen. Das Haus ist ein Freudenhaus, und die Erbschaft ist mit einer delikaten Verfügung seiner Schwester verknüpft. Besitz und Barvermögen werden erst dann sein eigen sein, wenn eine seiner Töchter innerhalb eines Jahres ein uneheliches Kind zur Welt gebracht hat. Für den sittenstrengen Professor ein Affront ohnegleichen. Obwohl er die Möglichkeit eines solchen Arrangements durchdenkt, kommt es dennoch nicht zu einer solchen „Entgleisung". Ein Zufall rettet die Erbschaft, auch wenn er dem pedantischen Moralapostel Nägler einen bitteren Streich spielt: Seine eigene 18jährige Ehe mit Marianne wird wegen eines Formfehlers bei der Trauung für ungültig erklärt, und so ist er selbst der Vater von zwölf „Fehltritten".

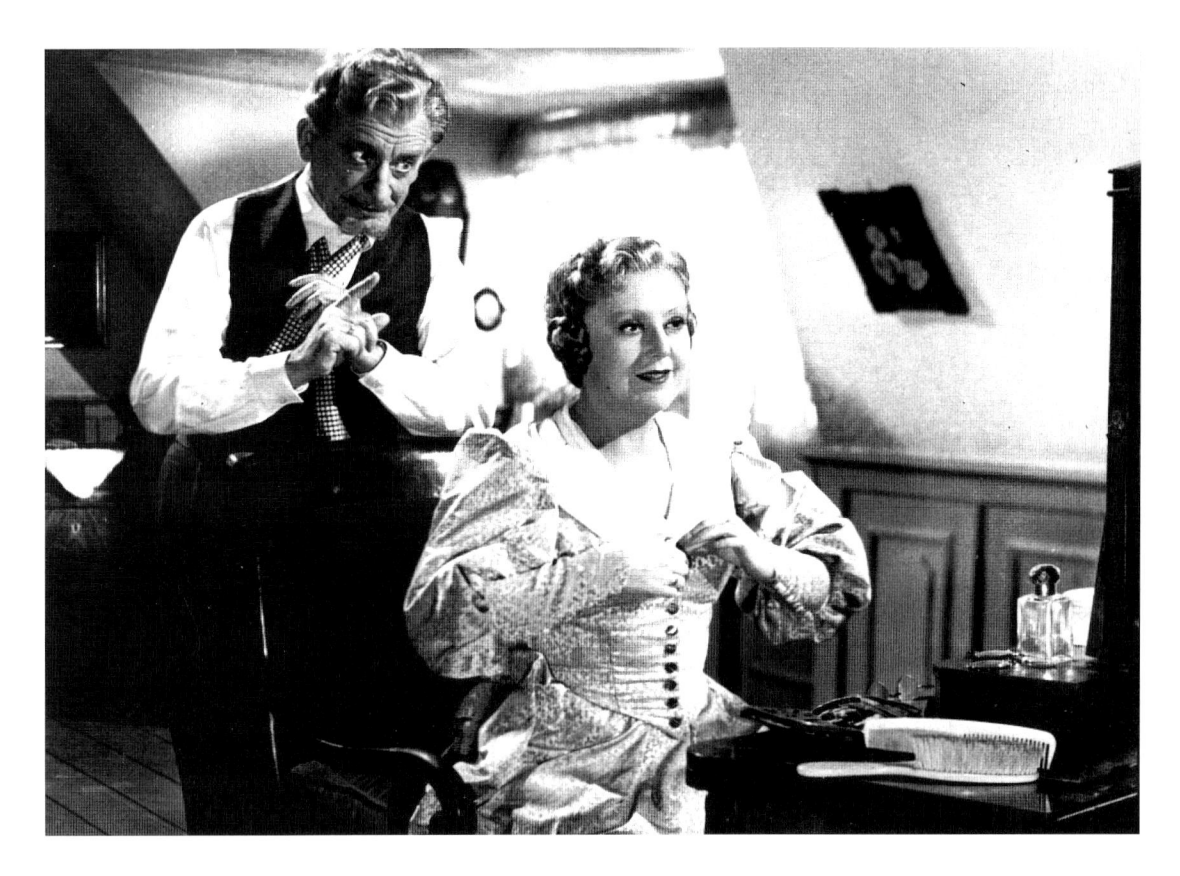

Schon mit siebzehn Jahren wurde Curt Goetz (1888–1960) Schauspieler und war bald darauf außerdem als Autor und Regisseur sowohl auf der Bühne als auch im Film erfolgreich. Die Familienkomödie „Das Haus in Montevideo" entstand 1951 als Erweiterung seines Einakters „Die tote Tante" und war nach „Frauenarzt Dr. Prätorius" (1949) seine zweite Filmarbeit in Deutschland seit Kriegsende.

Allroundtalent Curt Goetz ist in diesem Streifen Autor, Hauptdarsteller und Regisseur. In einer abwechslungsreichen Handlung vermittelt er mit Leichtigkeit ein ernstes Thema: Jene doppelte Moral, die den einen für ein und dasselbe Vergehen verdammt, während der andere bei sich selbst heuchlerisch alles in Ordnung findet. Wie Goetz diesen Spiegel zu handhaben versteht, weist ihn als Meister der satirischen Kunst aus.

1963 entstand in der Regie von Helmut Käutner ein farbiges Remake mit Heinz Rühmann und Ruth Leuwerik in den Hauptrollen.

DER UNTERTAN

Produktion: DEFA 1951 s/w 108 min.
Regie: Wolfgang Staudte
Buch: Wolfgang Staudte, Fritz Staudte, nach dem gleichnamigen Roman von Heinrich Mann
Kamera: Robert Baberske
Musik: Horst-Hanns Sieber
Darsteller: Werner Peters, Paul Esser, Emmy Burg, Renate Fischer, Sabine Thalbach, Hans-Georg Laubenthal, Ernst Legal, Carola Braunbock, Blandine Ebinger, Eduard von Winterstein, Raimund Schelcher, Axel Triebel u. a.

1870 wird Diederich Heßling als Sohn eines Papierfabrikanten in dem Provinzstädtchen Netzig geboren. In Elternhaus und Schule gilt die Prügelstrafe. Autoritäre Erziehung formt den Machtwillen des Jungen. Während des Studiums in Berlin werden die Kneipenabende zu Höhepunkten seines Lebens. Das chauvinistische Geschrei und modische Degenfechtereien der Korpsstudentenschaft beeindrucken den labilen Charakter Diederichs. Bei seinem ersten Liebesabenteuer schwängert er Agnes und wirft sie deren empörtem Vater verächtlich vor die Füße. Er muß die Fabrik seines verstorbenen Vaters in Netzig übernehmen. Gleich legt sich der Kaisertreue mit dem sozialdemokratischen Vorarbeiter Fischer an, später bei den Wahlen zum Stadtrat kungelt er jedoch mit ihm. Bei einer Zechrunde im Stammlokal wird Heßling Zeuge der willkürlichen Erschießung eines Mannes durch einen Polizisten. Dem liberalen Fabrikanten Lauer, der sich darüber empört, droht er mit einem Prozeß wegen Majestätsbeleidigung. In diesem Prozeß gibt Diederich eine jämmerliche Figur ab. Er wird boykottiert. Erst als Regierungspräsident von Wulkow sich für ihn einsetzt, florieren die Geschäfte wieder. Sein mit patriotischen Sprüchen bedrucktes Toilettenpapier „Weltmacht" kommt auf den Markt. Er heiratet Guste Daimchen, ein nicht hübsches, aber millionenschweres Pummelchen. Sie begeben sich auf Hochzeitsreise nach Rom, wo er seiner Majestät dem Kaiser ins Auge blickt und einen vermeintlichen Attentäter zu Fall bringt. Die „nationale Sache" und von Wulkow verlangen von ihm den Bau eines Kaiserdenkmals. Das Einweihungszeremoniell fällt einem gewaltigen Wolkenbruch zum Opfer. In strömendem Regen allein verbeugt sich der Untertan vor dem Abbild der Macht.

„Und bevor wir nun zur Sache selbst kommen, meine liebe Guste, gedenken wir seiner Majestät. Unser Kaiser Wilhelm, er lebe hoch!", mit diesen Worten an sich herunterblickend knipst Heßling das Licht aus und steigt zu seiner Angetrauten ins Bett.

Das ist nur eine von zahlreichen unvergeßlichen Szenen dieses besten DEFA-Films aller Zeiten. Die scharfe Kritik der berühmten Romanvorlage Heinrich Manns am Untertanengeist des deutschen Spießbürgertums in der wilhelminischen Ära kommt in diesem kongenialen Filmkunstwerk voll zum Tragen. Wolfgang Staudte hat sie durch seine hervorragende Inszenierung noch satirisch überhöht. In erster Linie erreicht er das durch ironische und kontrapunktische Kommentare, aber auch Ausstattung, Kamera, Schnitt, Musik und die grandiose Besetzung bis in kleinste Rollen sind wirkungsvoll eingesetzte Gestaltungsmittel.

Vor allem ist es aber natürlich der Film des Werner Peters. Sein Diederich Heßling ist schlicht die Inkarnation des „Radfahrertyps", eines Menschen, der nach oben buckelt und nach unten tritt. Er dient der Macht, um sich ihrer zu bedienen. Die Doppelmoral dieses miesen Typen im Zusammenspiel mit korrumpierbarer Macht wurde als gefährliche Begleiterscheinung einer destabilen, manipulierbaren Demokratie und kranken Gesellschaft deutlich gemacht.

DES TEUFELS GENERAL

General Harras ist seit Beginn des Zweiten Weltkrieges verantwortlich für die technische Entwicklung der deutschen Luftwaffe. Doch in den letzten Wochen, es ist das Jahr 1941, gibt es technische Probleme mit einem neuen Flugzeugtyp. Sind es Konstruktionsfehler oder ist es Sabotage? Da immer mehr Kampfflugzeuge aus Harras' Verantwortungsbereich aus ungeklärter Ursache abstürzen, schaltet sich die SS ein. Zu den Vorfällen kommt nämlich noch des Generals distanzierte Haltung gegenüber dem Nationalsozialismus hinzu, und das ist für das Reichssicherheitsamt höchst bedenklich. Um Harras unter Druck zu setzen, nimmt man ihn für vierzehn Tage in Untersuchungshaft. Das bedingungslose Ausgeliefertsein und die erlittenen Demütigungen lähmen von nun an seine Entschlußkraft. Dennoch will er die Ursache der Flugzeugabstürze herausfinden. Als erneut eine Maschine verunglückt, entschließt sich Harras, selbst zu fliegen. Weder die Frau, die er liebt, noch die Kameraden, die ihn achten, können den General von seinem Vorhaben abbringen. Mit seinem Freund Oberstingenieur Oderbruch, der in letzter Minute aufspringt, steigt er in die Lüfte. Kurz darauf kann auch der erfahrene Frontflieger und tollkühne Pilot Harras den Sturzflug der Maschine nicht mehr abfangen – bis Oderbruch eingreift. Er allein kennt den Fehler. Um dem Krieg ein Ende zu setzen, schickt er wissentlich seine Kameraden in den Tod. Für Harras ein untaugliches Mittel, in den Lauf der Geschichte einzugreifen.

Produktion: Real-Film GmbH 1955 s/w 115 min.
Regie: Helmut Käutner
Buch: Georg Hurdalek, Helmut Käutner, nach dem gleichnamigen Theaterstück von Carl Zuckmayer
Kamera: Albert Benitz
Darsteller: Curd Jürgens, Viktor de Kowa, Karl John, Marianne Koch, Camilla Spira, Eva-Ingeborg Scholz u. a.

Um den Freund der Justiz der Nazis nicht ausliefern zu müssen, provoziert er einen Kamikazesturz.
Mit Curd Jürgens in der Hauptrolle verfilmte 1955 Helmut Käutner (1908–1980) Carl Zuckmayers Bühnenstück, das in Anlehnung an das Leben des Fliegers Ernst Udet entstand, den die Nazis in den Selbstmord getrieben haben. Mit über zweitausend Aufführungen in den Jahren 1947 bis 1950 war Zuckmayers Stück einer der größten Theatererfolge nach dem Krieg. Ebenso erfolgreich war dann auch Käutners Film.

„Des Teufels General" – der deutsche Flieger Harras – ist ein Prototyp jener „unpolitischen" Berufssoldaten, die aus Liebe zu ihrem Beruf oder aus übertriebenem Ehrgeiz zu unfreiwilligen Helfershelfern der Faschisten wurden. So ist der Film letztlich, trotz beeindruckender Umsetzung (Regie, Fotografie, Schnitt und Darsteller) und realistischem Zeithintergrund, ein politisch zwiespältiger Rehabilitationsfilm.
Für Curd Jürgens (1915–1982) war die Rolle des Luftwaffengenerals Harras der internationale Durchbruch als Schauspieler. Marianne Koch, als Diddo Geiss, wurde für ihre sensible Charakterstudie mit dem Bundesfilmpreis als beste Nebendarstellerin ausgezeichnet.

LOLA MONTEZ

Deutschland in der ersten Hälfte des 19. Jahrhunderts. Lola Montez, die berühmte Tänzerin, inzwischen krank und angeschlagen, ist nur noch eine Zirkusattraktion. Ein geschäftstüchtiger Zirkusdirektor vermarktet ihr Leben. Seine erfolgreiche Show basiert auf Episoden aus ihrem bewegten Liebesleben. Lola muß vor sensationslüsternem Publikum posieren, ihre Affären rekonstruieren und dem Gelächter preisgeben. Zwischen den Auftritten überwältigen sie die Erinnerungen: An ihre unglückliche Ehe, an ihre amourösen Beziehungen zu dem Komponisten Franz Liszt und die Episode mit dem schüchternen Studenten. Öffentlichen Ärger erregt die dreißigjährige Schönheit als Geliebte von König Ludwig I. von Bayern, der wegen dieser Liaison vor dem Hintergrund der Wirren der 48er Revolution abdanken muß. Am Ende der Vorstellung ist es enthusiasmierten Zuschauern gestattet – gegen ein Extrageld natürlich –, die gedemütigte Frau zu berühren, ihr die Hand zu küssen.

Max Ophüls hat einen herrlichen Film über ein bewegtes Frauenschicksal und die Vergänglichkeit der Liebe geschaffen. In erster Linie entlarvte er jedoch die doppelbödige, heuchlerische Moral des Spießbürgers. Es war Ophüls' erste Farbproduktion und sein letzter Film. Durch raffinierte Nutzung des Cinemascope-Bildes setzte er die einzelnen Episoden zeitlich und stilistisch voneinander ab und verknüpfte dabei auf geniale Weise inszeniertes Zirkusmilieu mit Rückblenden aus dem realen Leben der Montez. Bei Kritik und Publikum kam das

Produktion:	Gamma Film GmbH, Union-Film, Gamma-Film, Florida Film 1955 Farbe Breitwand 113 min.
Regie:	Max Ophüls
Buch:	Max Ophüls, Franz Geiger, Jaques Natanson, Annette Wademant, nach einem Roman von Cècil Saint-Laurent
Kamera:	Christian Matras
Musik:	George Auric
Darsteller:	Martine Carol, Peter Ustinov, Ivan Desny, Adolf Wohlbrück, Will Quadflieg, Oskar Werner u. a.

Meisterwerk vor vierzig Jahren allerdings nicht gut an. Der ursprünglich 140minütige Film wurde als „barocker Kitsch" abgetan. „Reclams Filmführer" ist zu entnehmen, daß in der Bundesrepublik nach dem Tod des Regisseurs im Jahre 1957 eine von den Produzenten um 30 bis 40 Minuten gekürzte Fassung in die Kinos gelangte, „die brutal verstümmelt war", um einen „publikumsfreundlicheren" chronologischen Handlungsablauf zu erreichen. Trotz dieser Eingriffe blieb „Lola Montez" ein prunkvoll ausgestattetes, kritisch unterhaltendes Werk mit einem hervorragenden Schauspielerensemble, in dem Darsteller aus Frankreich, Großbritannien, Deutschland und Österreich glänzend agieren.

WENN DER VATER MIT DEM SOHNE

Produktion: Berolina-Filmproduktion GmbH
1955   Farbe   100 min.
Regie: Hans Quest
Buch: Gustav Kampendonk, Eckart Hachfeld
Kamera: Kurt Schulz
Musik: Heino Gaze
Darsteller: Heinz Rühmann, Oliver Grimm, Waltraud Haas, Fita Benkhoff, Robert Freytag, Carl-Heinz Schroth, Sybil Werden u. a.

Teddy Lemke war früher ein erfolgreicher Musikclown, der zusammen mit seinem Sohn im Varieté auftrat. Als der Junge starb, gab er seinen Artistenberuf auf und eröffnete einen Zauberladen. Seine Zimmerwirtin, Fräulein Biermann, hat schon längst ein Auge auf den netten Junggesellen geworfen, aber der interessiert sich nur für den sechsjährigen Jungen Ulli, den Fräulein Biermann in Pflege nahm, als seine Mutter nach Amerika ging. Mit rührender Hingabe sorgt Teddy für den Jungen, der Teddy wiederum für seinen Papi hält. Nur einmal, als Ulli ein Kinderclown-Kostüm, das er in einer Bodenkiste fand, trägt, gibt es Mißstimmung zwischen den beiden. Da erzählt Teddy von seinem kleinen toten Jungen und Ulli tröstet ihn mit den Worten: „Du hast doch jetzt mich zum Spaßmachen". Von da an bauen sie gemeinsam eine Vater-Sohn-Artistennummer auf. Doch zu ihrem Auftritt kommt es nicht mehr. Inzwischen ist Ullis Mutter Gerti nach Deutschland zurückgekehrt, um den Jungen zu holen. Für Teddy, dessen Leben erst durch Ulli wieder Sinn bekommen hat, bricht eine Welt zusammen. Von Panik erfaßt, flieht er mit dem Kind in einem Artistenwagen in die Schweiz. Dort findet sie Ullis Mutter. Teddy muß einsehen, daß sie ein Recht auf ihr Kind hat. Alleine kehrt er in seinen Beruf zurück, um in der Freude, die er anderen Menschen geben kann, Trost zu finden. Während ihm die Tränen über die weiße Clownsmaske rinnen, singt er noch einmal Ullis Schlaflied: „La-le-lu ..."

Das Filmregiedebüt des Schauspielers Hans Quest wurde

für den 7jährigen Kinderstar Oliver Grimm und den 53jährigen Heinz Rühmann ein großartiger Erfolg. Rühmanns Interpretation des Schlafliedes „La-le-lu" wurde zum Evergreen. Millionen weinten vor der Leinwand und dem Bildschirm. Einzigartig auch Rühmanns Spiegelszene: Das stumme Wechselspiel zwischen dem Mann vor dem Spiegel und seinem Spiegelbild im Clownkostüm bevor der Entschluß reift, wieder als Artist aufzutreten. Das ist eine hohe Schule der Schauspielkunst. Für seine warmherzige Darstellung erhielt Heinz Rühmann von der Internationalen Artistenloge die „Goldene Artisten-Nadel". Die Kritik bescheinigte ihm ausgeprägtes Talent zum Clown: „Er ist am stärksten, wenn die Lausbubenstimmung mit ihm durchgeht, und man nicht weiß, wer mit größerer Begeisterung Unsinn treibt, der Vater oder der Sohn" – getreu dem Titel: „Wenn der Vater mit dem Sohne".

DER HAUPTMANN VON KÖPENICK

Die Jahre 1906/1907 im preußisch-wilhelminischen Berlin. Nach der Entlassung aus der Haft in Rawitsch, wo der Schuster Wilhelm Voigt wegen Urkundenfälschung einsaß, verbrennt der Mann alle persönlichen Unterlagen. Er findet zwar Arbeit, hat aber keine Aufenthaltsgenehmigung. Der tödliche Kreislauf hat die Ausweisung aus dem Großherzogtum Mecklenburg-Schwerin zur Folge. Voigt wendet sich an seine Schwester in Berlin, wohnt bei ihr in Rixdorf. Erhält aber prompt wieder eine Ausweisungsverfügung, die für 70 preußische Ortschaften und Amtsbezirke gilt – Berlin, Potsdam, Bernau usw. Er meldet sich nach Hamburg ab, bleibt illegal in Berlin und arbeitet in Schuhfabriken. Beantragt einen Paß, will sich die Papiere durch Einbruch in ein Polizeirevier beschaffen, kommt zum wiederholten Mal in den

Produktion: Real-Film GmbH 1956 Farbe 93 min.
Regie: Helmut Käutner
Buch: Carl Zuckmayer, Helmut Käutner, nach dem gleichnamigen Theaterstück von Carl Zuckmayer
Kamera: Albert Benitz
Musik: Bernhard Eichhorn
Darsteller: Heinz Rühmann, Hannelore Schroth, Martin Held, Erich Schellow, Willy A. Kleinau, Ilse Fürstenberg, Leonhard Steckel, Walter Giller, Wolfgang Neuss, Willi Rose u. a.

Knast. Nun studiert er das preußische Exerzierreglement. Wegen guter Führung vorzeitig entlassen, kauft er besagte Uniform und legt sie in einer öffentlichen Bedürfnisanstalt an, kommandiert in der Seestraße die Eskorte ab und bestellt sie zur Bahnhofsrestauration nach Köpenick. Voigt besetzt das Rathaus, verhaftet den Bürgermeister und beschlagnahmt die Stadtkasse. Zehn Tage später wird er verhaftet. Im Dezember wird ihm vor dem Kriminalgericht Moabit der Prozeß gemacht. Das Urteil: Vier Jahre und die Kosten des Verfahrens. Diese authentische Episode aus der preußisch-wilhelminischen Ära ging unter dem Schlagwort „Köpenickiade" um die Welt. Es ist der typisch deutsche Stoff nach dem Motto: „Wer einmal aus dem Blechnapf frißt" und „Kleider machen Leute". Die Uniform als das Nonplusultra. Die vergnügliche Anekdote um den vorbestraften Schuster Voigt, des Mannes ohne Paß, trifft den Kern der Sache, gehört zum klassischen deutschen Kulturgut. Zuckmayer wurde zu diesem „deutschen Märchen" von Fritz Kortner angeregt. Und Thomas Mann war begeistert, schrieb seinem Kollegen, daß er den „Hauptmann" seit Gogols „Revisor" für die beste Komödie der Weltliteratur halte. Freund und Feind hatte das Politikum begriffen. Richard Oswald hat die Satire auf den preußischen Militarismus zweimal verfilmt: 1928 als Stummfilm mit Walter Rilla frei nach den Prozeßakten und 1931 als Tonfilm mit Max Adalbert nach Zuckmayers Bestseller. Die dritte Filmversion, erstmals in Farbe, besorgte Käutner 1956. Seine Inszenierung lag weit über dem Durchschnitt der damaligen inländischen Produktion. Sie wurde mit zahlreichen deutschen Preisen und bei den Festivals in Venedig und San Francisco ausgezeichnet. Die Story war stark. Dazu kam noch die Besetzung. Herausragend natürlich Heinz Rühmann: „Ich habe mich immer bemüht, den menschlichen Hintergrund sichtbar zu machen. Humor ist Gemüt, Gemüt ist Herz". Seine Liebe zum Clownesken befähigte ihn, die bittere Wahrheit dieser Rolle tragikomisch wirksam werden zu lassen.

Der Verurteilte Voigt übrigens wurde im August 1908 vom Kaiser begnadigt. Vier Tage später zeigte er sich im Panoptikum der Friedrichstraße. In den folgenden Jahren tourte er durch Varietés und Kneipen, verkaufte handsignierte Postkarten, schrieb seine Memoiren. 1909 erwarb er Wohnrecht in Luxemburg, unternahm Weltreisen. 1912 starb er.

DAS WIRTSHAUS IM SPESSART

Produktion: Georg Witt-Film GmbH
1957 Farbe 100 min.
Regie: Kurt Hoffmann
Buch: Heinz Pauck, Luiselotte Enderle, Günter Neumann, H. C. Gutbrod
nach dem Roman von Wilhelm Hauff
Kamera: Richard Angst
Musik: Franz Grothe
Darsteller: Liselotte Pulver, Carlos Thompson, Günther Lüders, Rudolf Vogel, Wolfgang Neuss, Wolfgang Müller, Ina Peters, Kai Fischer, Herbert Hübner, Hubert von Meyerinck, Helmut Lohner, Hans Clarin, Paul Esser u. a.

Im Frankenwald um Würzburg, Mitte des 19. Jahrhunderts. Komtesse Franziska von Sandau nebst Verlobtem Baron Sperling sind wegen eines Achsbruches ihrer Kutsche gezwungen, im nahegelegenem Wirtshaus einzukehren. Die Spelunke entpuppt sich als Sitz eines stolzen Räuberhauptmanns, der das hübsche Frauenzimmer sogleich gern als Geisel nimmt, um ein wenig Lösegeld vom Grafen zu erpressen. Franziska will das selbst erledigen, tauscht Kleider und Rolle mit dem edlen Goldschmiedsgesellen. Doch nach der Weigerung des Herrn Papa kehrt sie zurück und bleibt in der Hand des Räubers. Er macht sie zu seiner Magd. Graf Sandau sendet nun Soldaten zu gewaltsamer Befreiung. Wie man sich denken kann, haben Komtesse und Hauptmann Gefallen aneinander gefunden. Als sich herausstellt, daß in des Räubers schönem Körper edles Blut fließt, läuten auch schon die Hochzeitsglocken.

„Das Wirtshaus im Spessart" war der Film des Jahres, ein Riesenerfolg bei Kritik und Publikum. Das musikalische Lustspiel hatte Millionen von Zuschauern angelockt. Die Räuberballade aus der Feder des romantischen Dichters und Märchenerzählers Wilhelm Hauff war der ideale Stoff, aus dem Kurt Hoffmann mit Hilfe seiner Drehbuchautoren wieder eine herrliche Komödie machte, die vor Einfallsreichtum sprühte. Der kabarett-erfahrene Co-Autor Günter Neumann hatte dem eingefuchsten Duo Neuss – Müller und anderen Akteuren doppeldeutige Liedtexte geschrieben, die gut ankamen und eine Brücke aus der Romantik in die Gegenwart schlugen. Als Hauptschauplatz für die Dreharbeiten hatte das Team die idyllisch gelegene Wasserburg Mespelbrunn bei Würzburg gewählt. Auffallend war eine enorme Spielfreude bei den Schauspielern: Esser, Lüders, Vogel, Lohner, Meyerinck. Spaß am Kleidertausch und dem Verwechslungsprinzip hatte aber besonders Liselotte Pulver, die sowohl burschikos als auch ladylike zu überzeugen wußte. Dem Gesetz der Serie folgend, zwang der Erfolg zur Fortsetzung. Hoffmann drehte in den 60er Jahren zwei weitere Spessart-Streifen, die zwar weniger gelangen, aber immer eine Lilo Pulver in Hochform zeigten.

NACHTS IM GRÜNEN KAKADU

Getreu der würdigen Familientradition leitet Irene Wagner ein altmodisches Institut für Tanz- und Anstandslehre. Doch die Jugend pfeift auf Tradition und tanzt lieber Calypso und Rock'n'Roll statt Quadrille oder Menuett, liest alles andere als den Baron von Knigge. Kein Wunder also, daß die Kasse bald leer ist und der Gerichtsvollzieher zu den wenigen Kunden zählt. Unverhofft erbt Irene in dieser prekären Lage das Nachtlokal „Zum Grünen Kakadu". Damit beginnt für die schöne und geschäftstüchtige Irene ein anstrengendes Doppelleben.

Während sie tagsüber brav Sitte und Anstand lehrt, führt sie „Nachts im Grünen Kakadu" als keß-frivoler Tanzstar ein weniger tugendsames Leben. Mit dem ertanzten Geld hofft sie, die drohende Pleite des Familienbetriebes abfangen zu können. Alles wäre auch gut gegangen, wenn nicht Irenes leicht verkalkte Verwandtschaft davon Wind bekommen und Anstoß an Irenes Nachtleben genommen hätte. Onkel und Tante stecken die Nichte als eine „gespaltene Persönlichkeit" in die Klapsmühle. Natürlich flieht Irene, und „Nachts im Grünen Kakadu" beweist sie dann der sittenstrengen Verwandtschaft, daß ihre Tätigkeit nichts mit Verworfenheit zu tun hat. Sie begeistert mit ihren temperamentvollen Tänzen ihr Publikum, ganz besonders Herrn Dr. Maybach, der schon länger nicht nur die Tanzkünste der schönen Frau mit den zwei Gesichtern bewundert.

In dem Revuefilm „Nachts im Grünen Kakadu" feierte Marika Rökk nach vierjähriger Filmpause ihr gelunge-

Produktion:	Real-Film GmbH 1957 Farbe 97 min.
Regie:	Georg Jacoby
Buch:	Curt J. Braun, Helmut M. Backhaus
Kamera:	Willy Winterstein
Musik:	Michael Jary
Liedtexte:	Bruno Balz
Darsteller:	Marika Rökk, Dieter Borsche, Renate Ewert, Gunnar Möller, Hans Nielsen, Loni Heuser u. a.

nes Comeback. Regie führte Georg Jacoby, mit dem sie vor dem Krieg ihre größten Filmerfolge hatte: „Eine Nacht im Mai" (1938), „Kora-Terry" (1940), „Die Frau meiner Träume" (1944) und mit dem Sie auch verheiratet war.

Mit überschäumendem Temperament, Witz und frappierender Tanztechnik gab die gebürtige Ungarin dem üppigen Ausstattungsfilm sein eigenes, unverwechselbares Profil. Die Nachkriegsfilme des einstigen Unterhaltungsstars der Ufa (u. a. „Fregola"/1948, „Das Kind der Donau"/1950, „Die Csárdásfürstin"/1951, „Maske in Blau"/1953) konnten allerdings nicht mehr an die Erfolge früherer Jahre anknüpfen. Deshalb verlegte Marika Rökk Anfang der fünfziger Jahre ihre Arbeit wieder stärker auf die Bühne.

DAS MÄDCHEN ROSEMARIE

Frankfurt am Main, Ende der 50er Jahre. Rosemarie, ihr Bruder Horst und Freund Walter verdienen sich etwas Kleingeld durch das Singen aufmüpfiger Lieder. Der Industrielle Hartog wagt einen Blick aus dem Fenster seines noblen Hotels auf das Sängertrio im Hof. Aus der flüchtigen Begegnung wird eine regelmäßige Beziehung. Er besorgt Rosemarie eine Wohnung. Und das attraktive Mädchen besorgt sich gutbetuchte Kunden. Fribert zum Beispiel, der von den Franzosen auf das Wirtschaftsprojekt Hartogs angesetzt ist. Er stattet das Appartement etwas luxuriöser aus, unterrichtet sie im Gebrauch eines versteckten Tonbandgerätes und macht Rosemarie zu seiner „Mitarbeiterin". Hartogs einflußreicher Freundeskreis geht bei ihr im wahrsten Sinn des Wortes ein und aus. Im offenen Sportwagen angelt sich nun die elegante Dame teure Kunden auf der Frank-

Produktion: Roxy-Film 1958 s/w 100 min.
Regie: Rolf Thiele
Buch: Erich Kuby, Rolf Thiele, Jo Herbst, Rolf Ulrich
Kamera: Klaus von Rautenfeld
Musik: Norbert Schultze
Darsteller: Nadja Tiller, Peter van Eyck, Carl Raddatz, Gert Fröbe, Hanne Wieder, Mario Adorf, Jo Herbst, Werner Peters, Karin Baal, Horst Frank, Arno Paulsen, Helen Vita, Hubert von Meyerinck u. a.

furter Kaiserstraße. Das Callgirl beginnt, die Prominenz zu erpressen, wedelt mit dem Adreßbüchlein. Hartog will die Tonbänder, sie will ihn und seine Scheidung. Unter mysteriösen Umständen wird Rosemarie ermordet.

Mitte der 50er Jahre erregte der authentische, bisher nicht aufgeklärte Mordfall Rosemarie Nitribitt landesweit Aufsehen. Erich Kuby, der kritische Autor und Publizist, hat den Callgirl-Skandal in ein spannendes Drehbuch transponiert. Von den zahlreichen Streifen, die Rolf Thiele (1918–1994) realisierte, war diese Satire sein größter Kinoerfolg. Die Entlarvung unheilvoller Verquickung von Politik und Wirtschaft in der jungen Bundesrepublik findet zwar statt, hat aber im Vergleich zu einigen italienischen Mafiafilmen nicht deren aggressive Grundhaltung. Aber die darstellerischen Leistungen bis in die kleinsten Partien sind höchstvergnüglich. Großartige Schauspieler – Nadja Tiller und Peter van Eyck zweifellos in wichtigen und glänzend gespielten Rollen ihrer Karriere – machen den Zuschauer zu interessierten Augen- und Ohrenzeugen des verwerflichen Geschehens – mit einem gewissen Schauwert und niveauvoll unterhaltend – im Gewand eines spannenden politischen Kriminalfilms.

WIR WUNDERKINDER

Produktion: Filmaufbau GmbH 1958 s/w 103 min.
Regie: Kurt Hoffmann
Buch: Heinz Pauck, Günter Neumann
nach einem Roman von Hugo Hartung
Kamera: Richard Angst
Musik: Franz Grothe
Darsteller: Hansjörg Felmy, Robert Graf,
Johanna von Koczian,
Elisabeth Flickenschildt,
Ingrid van Bergen, Wera Frydtberg u. a.

Handlungszeit: 1913–1953. Handlungsort: deutsche Territorien und Städte unter verschiedenen Regierungssystemen. Die Geschichte zweier typischer Deutscher, Bruno Tiches und Hans Boeckel, wird in Rückblendentechnik über fünf Jahrzehnte bis in die Gegenwart der jungen Bundesrepublik erzählt: 1913 nahmen die beiden Schulfreunde an der Jahrhundertfeier der Völkerschlacht bei Leipzig teil. 1923 ist Bruno durch Spekulationsgeschäfte erfolgreich, während Hans sich als Werkstudent durchs Leben schlägt. 1933 vollzieht Bruno die Wende vom Republikaner zum Nazi und macht weiter Karriere, Hans hat weiterhin Bedenken und verliert seine Arbeit. Als der Krieg zu Ende ist, muß Hans durch Tauschgeschäfte die Ernährung seiner kleinen Familie sichern, während Bruno durch Wucher und Schwarzmarkt-Betrügereien schon längst wieder obenauf ist. Mitte der 50er Jahre fährt Bruno Tiches im Statussymbol des bundesdeutschen Wirtschaftswunders vor. Der einflußreiche Geschäftsmann kündigt gerichtliche Schritte gegen diskriminierende Enthüllungen des freien Journalisten Hans Boeckel an. Boeckel wird entlassen. Als Tiches triumphierend das Verlagsgebäude verlassen will, stürzt er in einen Fahrstuhlschacht. Das würdevolle Begräbniszeremoniell hat Züge staatstragenden Charakters.

Der Titel spricht es bereits an: Es geht – nicht nur, aber in starkem Maße – um das Wirtschaftswunder der fünfziger Jahre, um den Aufschwung West also. Mit bissigen Couplets haben Wolfgang Neuss und Wolfgang

Müller die satirisch überhöhte Geschichte des „anständigen" deutschen Michels und seines skrupellosen Widerparts kabarettistisch begleitet. Sie konnten ihrem Affen Zucker geben, standen ihnen doch Texte Günter Neumanns zur Verfügung, der zu den führenden Autoren des Kabaretts im Nachkriegsdeutschland gehörte und etliche politische Seitenhiebe zu verteilen wußte. „Wir Wunderkinder" lebt natürlich nicht nur vom Drehbuch und spritzigen Dialogen. Es ist vor allem auch ein herausragendes Werk Kurt Hoffmanns, der neben Käutner zu den besten deutschen Regisseuren von „Opas Kino" zählte. Durch Vorlagen von Curt Goetz, Kästner, Tucholsky u. a. ließ er sich zu herrlich ironisierenden Filmen inspirieren, in denen Liselotte Pulver und Heinz Rühmann zu seinen bevorzugten Darstellern avancierten. Als die Sexwelle in der Filmszene ihren Tribut mit derben Vordergründigkeiten forderte, zog sich Hoffmann zurück, verließ ein Regisseur niveauvoller Unterhaltung die Bühne bzw. die Ateliers. Seine kritischen „Wunderkinder", eine Rarität im bundesrepublikanischen Filmschaffen, brachten Ende der 50er Jahre auch die Begegnung mit Robert Graf, einer ungemein überzeugenden Schauspielerpersönlichkeit. Graf, dem nur ein kurzes Leben beschieden war, hatte den Tiches als Typ des Wendehalses dargestellt, als skrupellosen, über Leichen gehenden Geschäftsmann im gefährlichen Zusammenspiel mit politischen Führungskräften und damit eine seiner besten Rollen geboten. Frappierend die Aktualität des damals erfolgreichen Films.

DIE BRÜCKE

April 1945. In einer kleinen deutschen Stadt werden in letzter Minute noch sieben Oberschüler eingezogen. Ihr Klassenlehrer erreicht beim Kompaniechef, daß die Sechzehnjährigen nicht an die Front müssen. Sie werden nach kurzer Ausbildung zur Bewachung einer Brücke ihrer Heimatstadt eingesetzt. Unteroffizier Heilmann erhält den Befehl, sich um die jungen Soldaten zu kümmern. Bei einem Erkundungsgang wird er versehentlich erschossen. Das letzte Bataillon verläßt die Stadt. Amerikanische Panzer nähern sich. Es ist keine Zeit mehr für zärtliche Gefühle der ersten Liebe. Aus Wut und Verzweiflung und im Glauben an den vom Führer versprochenen Endsieg verteidigt das „Fähnlein der sieben Aufrechten" nun die Brücke. Nach einem mörderischen Kampfgetümmel leben nur noch Mutz und Scholten. Als ein deutsches Kommando die Brücke

Produktion:	Fono-Film GmbH 1959 s/w 98 min.
Regie:	Bernhard Wicki
Buch:	Michael Mansfeld, Karl-Wilhelm Vivier, nach dem gleichnamigen Roman von Manfred Gregor
Kamera:	Gerd von Bonin
Musik:	Hans-Martin Majewski
Darsteller:	Folker Bohnet, Fritz Wepper, Michael Hinz, Frank Glaubrecht, Volker Lechtenbrink, Karl Michael Balzer, Günther Hoffmann, Günter Pfitzmann, Wolfgang Stumpf, Cordula Trantow

sprengen will, dreht Mutz durch. Er verliert seinen letzten Freund und bleibt als einziger am Leben.

Der damals vierzigjährige Schauspieler Bernhard Wicki hatte mit diesem Film eindrucksvoll als Regisseur debütiert. „Mit *Die Brücke* wollte ich zeigen, wieso diese Jungens, die Kinder waren, Kinder wie tausend andere auch, dazu kamen, infolge falscher Erziehung zu den schlimmsten Grausamkeiten fähig zu sein. Die Deutschen sind für Propaganda sehr empfänglich" sagte er. Wicki vermied dabei falsches Pathos und Heldentum und hat das sinnlose Sterben junger Menschen zwischen Angst und Hoffnung konsequent mit der unerbittlichen Absage an jede Art von Brutalität, Gewalt und Krieg verknüpft. Der Film erregte Aufsehen in Ost und West und wurde mit zahlreichen nationalen und internationalen Preisen ausgezeichnet. Wicki war schlagartig in die Reihe bedeutender deutscher Filmregisseure aufgerückt.

Filmgeschichtlich gehört „Die Brücke" neben Lewis Milestones Remarque-Verfilmung „Im Westen nichts Neues" auch international zu den bedeutendsten Anti-Kriegs-Filmen.

ROSEN FÜR DEN STAATSANWALT

Die letzten Kriegstage. Zwei Tafeln Schokolade, auf dem Schwarzmarkt erworben, reichten Kriegsgerichtsrat Dr. Schramm, wegen „Wehrkraftzersetzung" die Todesstrafe zu verhängen. Infolge eines plötzlichen Fliegerangriffs flieht das Exekutionskommando in alle Winde und der Gefreite Kleinschmidt bleibt am Leben. 15 Jahre später, im boomenden bundesrepublikanischen Wirtschaftswunderland, begegnen sich die beiden Antipoden wieder: Kleinschmidt ist Straßenverkäufer, handelt mit Krawatten und ist mit Lissy, der Besitzerin eines Gasthauses, liiert. Dr. Schramm, inzwischen Staatsanwalt, hat gerade einen Rosenstrauß erhalten als Dank für indirekte Beihilfe zur Flucht im Fall des antisemitischen Studienrats Zirngiebel. Eine neue Affäre kann sich Schramm nicht leisten, deshalb versucht er, Kleinschmidt aus der Stadt zu drängen. Doch der

Produktion: Kurt-Ulrich-Film GmbH
1959 s/w 95 min.
Regie: Wolfgang Staudte
Buch: Georg Hurdalek
Kamera: Erich Claunigk
Musik: Raimund Rosenberger
Darsteller: Martin Held, Walter Giller,
Ingrid van Bergen, Camilla Spira,
Werner Peters, Inge Meysel,
Werner Finck, Ralf Wolter,
Wolfgang Neuss u. a.

wird dreist. Als er im Kreis seiner Zechkumpane prahlerisch das Dokument des nicht vollstreckten Urteils zeigt, versucht Baumeister Kugler, den einflußreichen Mann im Gericht zu erpressen. Provozierend täuscht Kleinschmidt den Diebstahl von Schokolade vor und wird erneut mit Schramm konfrontiert. In panischer Verwirrung beantragt der erneut die Todesstrafe. Er wird vom Dienst suspendiert und Kleinschmidt verläßt die Stadt.
Regisseur Wolfgang Staudte hatte sich am authentischen Fall des Offenbacher Studienrats Zind orientiert, um auf eklatante Fehlleistungen der Justiz Ende der 50er Jahre hinzuweisen. Den Osten hat's gefreut, der Westen reagierte zähneknirschend. Man hatte dem Regisseur vorgeworfen, in seinem Bestreben „unbewältigte Vergangenheit" aufarbeiten zu wollen, den herrlichen Grundeinfall der Story verharmlost und nur Mitleid erzeugt zu haben. Aber Staudte war ein Künstler mit Zivilcourage. Seine Ambition, Wölfe im Schafspelz zu entlarven, ist allein schon an der Besetzung erstklassiger Kabarettisten in wichtigen Rollen zu erkennen. Der burschikose und verschmitzte Walter Giller in einer seiner wahrscheinlich besten Rollen unterstützte ihn dabei mit Spiellaune und Vehemenz. Es gelang eine Satire auf das junge Wirtschaftswunderland, dessen brave Bürger nur allzu bedenkenlos an das schnelle Geld zu kommen hofften. Gesellschaftskritik und Unterhaltung mit Tiefgang in einem Film, der darüber hinaus auch Gelegenheit bietet, den im Januar 1992 verstorbenen großartigen Charakterdarsteller Martin Held noch einmal in einer prachtvollen Rolle zu bewundern.

S T E R N E

In einer von Deutschen besetzten bulgarischen Provinzstadt werden griechische Juden unter unmenschlichen Bedingungen vorübergehend gefangengehalten, um dann ins Vernichtungslager Auschwitz überführt zu werden. Über den Stacheldraht hinweg lernt der Unteroffizier Walter die Jüdin Ruth kennen. Für eine in den Wehen liegende Mitgefangene bittet sie ihn um medizinische Hilfe. Doch Walter zuckt teilnahmslos mit den Achseln. Seine gleichgültige, unmenschliche Haltung ruft in Ruth tiefe Empörung hervor, und sie schreit dem Deutschen ihre ganze Verachtung ins Gesicht. Aus seiner Passivität aufgeschreckt, schickt Walter nach einem Arzt, die jüdische junge Frau beginnt ihn zu interessieren. Ihr Schicksal und die Gespräche mit ihr rütteln an seinem Gewissen, lassen ihm seine Mitschuld an diesem Elend und der menschenverachtenden Grausamkeit der Nationalsozialisten bewußt werden. Allen

Produktion:	DEFA/Studio für Spielfilme Sofia 1959 s/w 92 min.
Regie:	Konrad Wolf
Buch:	Angel Wagenstein
Kamera:	Werner Bergmann
Musik:	Simeon Pironkow
Darsteller:	Sascha Kruscharska, Jürgen Frohriep, Erik S. Klein, Georgi Naumow, Stefan Pejtschew u. a.

rassistischen Gesetzen und Verboten zum Trotz, verliebt sich Walter in Ruth. Er will die junge Frau retten, doch ehe er sich dazu entschließt, fährt der Todeszug mit den Häftlingen in die dunkle Nacht. Walter sieht von nun an seinen Platz an der Seite der bulgarischen Partisanen.

Die Auseinandersetzung mit dem Nationalsozialismus und seinen Folgen nimmt in Konrad Wolfs Filmschaffen einen besonderen Stellenwert ein (u. a.: „Lissy" 1956/57, „Professor Mamlock" 1961). „Sterne" sind die Sterne der Sehnsucht und die Sterne, die die Juden am Rock aufgenäht tragen müssen, Sterne, die Vernichtung bedeuten. Wolf/Wagenstein erzählen die Geschichte, die auf Tagebuchaufzeichnungen einer Jüdin beruht, geradlinig und ohne große Sentimentalität. Ein Film voller suggestiver Bilder – Gesichter, in denen sich die seelische Qual widerspiegelt, Massenszenen, in denen sich tiefe Verzweiflung und menschliche Stärke gleichsam zeigen. Besonders besticht die filmische Entwicklung der Charaktere, allerdings fiel die Schlußszene, in der Walter Kontakt mit der Widerstandsbewegung aufnimmt, in der westdeutschen Fassung der Schere zum Opfer. „Sterne" lief 1959 als bulgarischer Wettbewerbsbeitrag in Cannes und erhielt den Sonderpreis der Jury.

DER BRAVE SOLDAT SCHWEJK

Produktion: Artur Brauner/CCC-Film
1960 s/w 96 min.
Regie: Axel von Ambesser
Buch: Hans Jacoby, nach dem Roman von Jaroslav Hasek
Kamera: Richard Angst
Musik: Bernhard Eichhorn
Darsteller: Heinz Rühmann, Ernst Stankowski, Ursula Borsody, Senta Berger, Erika von Thellmann, Franz Muxeneder, Hugo Gottschlich u. a.

Am Vorabend des Ersten Weltkrieges beginnen die Probleme des Prager Hundehändlers Schwejk. Im Prager Bierlokal „Kelch" wird der kleine, vorwitzige Kerl, der nicht zur passenden Zeit den Mund halten kann, zunächst wegen Majestätsbeleidugung verhaftet und danach in die österreichische Armee gesteckt. Als Bursche des im Umgang mit Frauen wie mit Geld höchst leichtsinnigen Oberleutnants Lukasch muß er die haarsträubendsten Situationen bestehen, wobei ihm sein Mutterwitz und sein unverwüstlicher Optimismus zugute kommen. Doch als er eines Tages für seinen Herrn einen Hund stehlen muß, endet das für beide katastrophal. Lukasch und Schwejk werden an die Front geschickt. Bald darauf wird der Oberleutnant von einer Kugel tödlich getroffen. Für Schwejk geht der Krieg auch nach dem Tod seines Herrn weiter. Der Umstand, daß er die Begegnung mit einem russischen Soldaten lediglich dazu benutzt, die Uniform zu tauschen, anstatt ihn zu erschießen, bringen den kleinen Mann als vermeintlichen Spion vor ein Exekutionskommando. Gefragt nach seinem letzten Wunsch antwortet Schwejk: „Ja, ich habe eine Verabredung, melde gehorsamst, mit einem gewissen Woditschka um sechs Uhr nach dem Krieg in Kelch". Der Offizier gibt das Zeichen zur Hinrichtung. Aber noch ehe die Gewehrsalven krachen, kommt die Nachricht vom Frieden.
Der Roman von Jaroslav Hasek, eine der schärfsten, aber auch humansten Satiren der Weltliteratur, wurde mehrfach verfilmt. Die bekanntesten Streifen sind der

1956 in der CSSR inszenierte Film von Karel Stekly mit Rudolf Hrusinsky in der Hauptrolle, und der von Axel von Ambesser (1960) mit Heinz Rühmann. Schwejk ist pfiffig, verschmitzt, treuherzig, ein bißchen verschlagen, aber niemals bösartig, weder Held noch Soldat, lediglich der Schrecken aller Obrigkeiten. Eine Figur, bei der Lachen und Weinen dicht beieinander liegen, für einen Schauspieler eine Paraderolle. So sah es auch Heinz Rühmann, der den Schwejk in der sechsten und ersten deutschen Fassung spielt. In seinen Memoiren bekennt er, „Der brave Soldat Schwejk" sei ihm in der Erinnerung der liebste Film gewesen. Und weiter: „Mir ist erstmals richtig klar geworden, wie schwer es ist, einen Dummen zu spielen, der vielleicht gescheiter ist als wir".

Mit rötlichen Stoppelhaaren, abstehenden Ohren und dummdreister, pfiffiger Physiognomie stellt Rühmann abermals seine Fähigkeit zu fesselnder Menschendarstellung unter Beweis.

Der Film erhielt dreizehn ausländische Preise und 1961 den „Golden Globe", den Preis der „Foreign Press Association of Amerika" als bester ausländischer Film. Dagegen war in Deutschland bei der Verleihung des Bundesfilmpreises vom offiziellen Festredner verkündet worden: „In Deutschland wurde in diesem Jahr kein Film hergestellt, den man zur Auszeichnung mit dem Bundesfilmpreis überhaupt in Erwägung ziehen kann".

NACKT UNTER WÖLFEN

Frühjahr 1945, Konzentrationslager Buchenwald. Die sich nähernde Front von Ost und West versetzt die Lagerleitung in Panik, und täglich erhöht sich die Vernichtungsquote. Dagegen wächst unter Führung der antifaschistischen Häftlingsselbstverwaltung der Widerstand der Lagerinsassen. In dieser angespannten Situation trifft im KZ ein neuer „Evakuierungstransport" aus Auschwitz ein. Unter ihnen auch der Pole Zacharias Jankowski. Mit sich schleppt er einen großen, zerdrückten Koffer. Die Häftlinge Höfel und Pippig erschrecken zutiefst, als sie dessen Inhalt sehen: Ein Kind. Es im Lager zu verstecken ist schwierig und gefährlich, außerdem gefährdet das den Widerstand. Deshalb entscheidet der Leiter der illegalen KP-Organisation Bochow schweren Herzens, daß der Pole und der Junge mit dem nächsten Transport das Lager wieder verlassen müssen. Für ihn stehen 50.000 Menschen gegen ein einziges Kind. Der

Produktion: DEFA 1963 s/w 124 min.
Regie: Frank Beyer
Buch: Bruno Apitz, Frank Beyer, nach dem gleichnamigen Roman von Bruno Apitz
Kamera: Günter Marczinkowsky
Musik: Joachim Werzlau
Darsteller: Erwin Geschonneck, Armin Mueller-Stahl, Krystyn Wojcik, Fred Delmare, Gerry Wolff, Erik S. Klein, Viktor Awdjuschko, Peter Sturm, Herbert Köfer, Wolfram Handel u. a.

Lagerälteste, Walter Krämer, läßt die Abschiebung aber nicht zu. Bochows Befürchtungen bestätigen sich, die SS erfährt von dem Kind. Doch vergeblich ist ihre Suche danach. Unter Einsatz ihres Lebens reichen es Krämer, Höfler, Pippig und viele andere von Versteck zu Versteck. Der Junge wird für die Häftlinge zum Sinn ihres Lebens und zum Ziel ihres Kampfes gegen ihre Peiniger. Als am 11. April 1945 das Signal zum Aufstand ertönt, ist unter den Tausenden von Häftlingen auch das Kind.

Das Schicksal eines Kindes, um das sich Menschen in einer für sie selbst lebensbedrohlichen Situation sorgen, verknüpft Bruno Apitz (1900–1979) in seiner Romanvorlage mit der Selbstbefreiung der Buchenwald-Häftlinge. Apitz war selbst acht Jahre lang in diesem Lager. Das gibt auch der Verfilmung von Frank Beyer (geb. 1932) ihren realistischen Bezug. Die künstlerische Wirkung bezieht der Streifen vor allem aus der schlichten, geradlinigen Erzählweise. Psychologisch nuanciert, entwirft Beyer den Mikrokosmos einer pervertierten Gesellschaft, in der das Lebensrecht eines Menschen nichts mehr zählt. Durch seine differenzierten Porträtstudien von Henkern und Opfern ohne jedes Pathos, erhält der Film eine seltene Eindringlichkeit und moralische Authentizität, ist humanistische Botschaft, die einer der Häftlinge so formuliert: „Du bist Mensch! Beweise es!". Auf dem III. Internationalen Filmfestival 1963 in Moskau erhielt Frank Beyer den Silberpreis für die beste Regie.

DR. MED. HIOB PRÄTORIUS

Von den Studenten verehrt, von den Patienten vergöttert und von den meisten Kollegen geschätzt, genießt Dr. med. Hiob Prätorius den Ruf eines hervorragenden Arztes und humorvollen Menschenfreundes. Bei seiner beharrlichen Suche nach der Mikrobe der menschlichen Dummheit begegnet der alternde Frauenarzt Violetta, die meint, schwanger zu sein.

Violetta ist „eine jener Frauen, denen Gott in einer Sonntagslaune die Gabe verlieh, ihre Männer zum Lachen statt zum Weinen zu bringen". Prätorius heiratet das Mädchen vom Fleck weg, nicht nur weil sie in arger Bedrängnis ist, sondern auch, weil er sein Leben lang auf eine solche Frau gewartet hat.

Der tragikomische Anlaß der Heirat wird zur soliden Grundlage einer glücklichen Ehe. Aber so viel Glück

Produktion:	Independent Film GmbH Farbe 1964 92 min.
Regie:	Kurt Hoffmann
Buch:	Heinz Pauck, Istvan Bekefi, Curt Goetz, nach dem Bühnenstück von Curt Goetz
Kamera:	Richard Angst
Musik:	Franz Grothe
Darsteller:	Heinz Rühmann, Liselotte Pulver, Fritz Rasp, Peter Lühr, Werner Hinz, Franz Tillmann u. a.

schafft Neider, und so schnüffelt der mißgünstige und vertrocknete Anatomieprofessor Speiter in Prätorius' Vergangenheit herum und meint, fündig geworden zu sein. Vor einem Ehrengericht muß Dr. Prätorius Rede und Antwort stehen. Mit bravourösem Humor wehrt er alle Angriffe auf sich und sein jahrelanges Faktotum Shunderson, einen zweimal zum Tode verurteilten Mörder, ab und erteilt gleichzeitig dem so ehrsamen Spießertum eine gehörige Lektion.

Nach dem gleichnamigen heiteren Bühnenstück von Curt Goetz inszenierte Kurt Hoffmann 1964 die zweite Verfilmung dieses Stoffes (1949: „Frauenarzt Dr. Prätorius" mit Curt Goetz und Valerie von Martens in den Hauptrollen und in der Regie von Curt Goetz). Allerdings nahmen Kurt Hoffmann und die Drehbuchautoren Pauck/Bekefi in ihrer Fassung einige Veränderungen der Originalvorlage vor (kein Tod der Eheleute Prätorius, keine kriminalistische Rahmenerzählung). Ob dies ein Gewinn oder ein Verlust ist, darüber sind die Kritiker unterschiedlicher Auffassung. Eines allerdings bleibt unbestritten: Kurt Hoffmann bestätigt erneut, daß er den Humor auch polemisch zu nutzen weiß. Heinz Rühmann schreibt in seinen Memoiren über seine Rolle: „Meine Lieblingsrolle unter den Goetz-Figuren war der Dr. Prätorius ... (sie) bietet einem Schauspieler drei Höhepunkte. Einmal das Dirigieren von ‚Gaudeamus igitur' ..., dann die große Rechtfertigungsrede vor der Ärzteschaft, und schließlich – schauspielerisch und inhaltlich der Höhepunkt des Stücks – das Kolleg über die Mikrobe der menschlichen Dummheit ...".

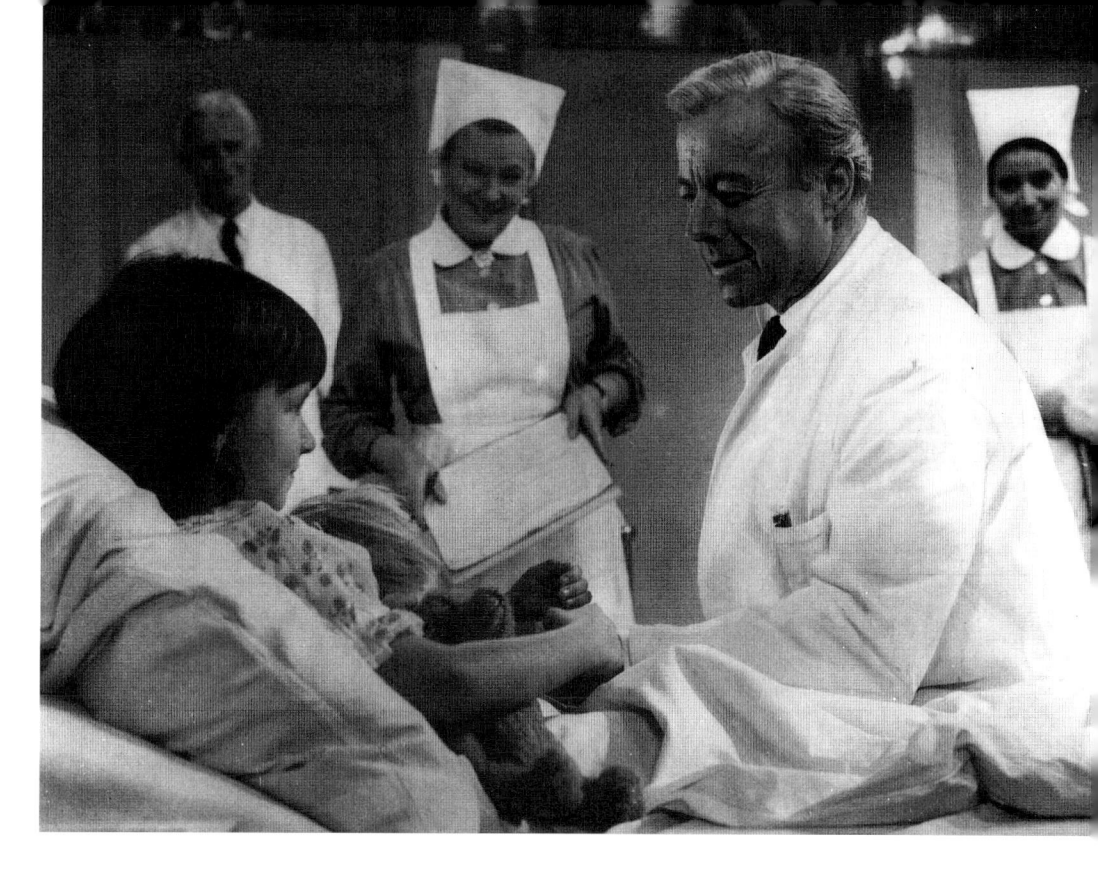

In „Dr. med. Hiob Prätorius" stehen Heinz Rühmann und Liselotte Pulver zum ersten Mal gemeinsam vor der Kamera. Ihr herzerfrischendes Naturell und seine unverwechselbare Rolleninterpretation geben der stellenweise etwas zähflüssig inszenierten Komödie schließlich das, was den Film dennoch zum großen Publikumserfolg werden ließ.

DER JUNGE TÖRLESS

Ein österreichisches Internat für Elite-Schüler in der Zeit vor dem Ersten Weltkrieg. Der jüdische Schüler Basini ist bei einem Diebstahl von zwei Jungen seiner Klasse ertappt worden. Anlaß für den sadistisch veranlagten Reiting, ihn grausam zu quälen. Beineberg beteiligt sich daran, um zu sehen, wie weit man einen Menschen demütigen kann. Er hält seine Methoden und deren Wirkungen auf Basini in Notizen fest, die er als Studie deklariert. Auch Thomas Törless, der schüchterne Sprößling wohlsituierter Eltern, gerät in den Sog dieser höchst geheimen sadistischen Aktivitäten. Er versucht, Basinis Motive zu ergründen. In seinem Bedürfnis, dem Mitschüler zu helfen, geht er sehr weit und tappt dabei in eine Falle. Törless muß wegen skandalösen Verhaltens das Internat verlassen.

Volker Schlöndorff hat mit dieser gelungenen Literaturverfilmung debütiert. Story, Milieu, Atmosphäre, Darstellerleistungen, kontrastreiche Bilder gehören zu den Stärken des technisch brillanten Films. Die Konzentration auf den in sich geschlossenen Schauplatz dieser elitären Bildungseinrichtung ermöglicht das erschreckende Bild einer brutalen Welt, in der die Schwachen erste Opfer von Ablehnung und Demütigung werden. Schlöndorffs Film ist kein Melodram, eher eine präzis kalkulierte psychologische Studie über die Abwesenheit von Gefühl, über die Faszination der Gewalt. Pubertäre Konflikte, homosexuelle Neigungen und rassistische Aversionen kollidieren mit hohen Erwartungshaltungen der Erzieher. Schlöndorff, der das Kino als populäres Medi-

Produktion:	Franz Seitz Filmproduktion/ Nouvelles Editiones de Films S. A., Paris 1965 s/w 84 min.
Regie:	Volker Schlöndorff
Buch:	Volker Schlöndorff, nach Robert Musils Roman „Die Verwirrungen des Zöglings Törless"
Kamera:	Franz Rath
Musik:	Hans Werner Henze
Darsteller:	Mathieu Carrière, Bernd Tischer, Marian Seidowsky, Alfred Dietz, Barbara Steele u. a.

um betrachtet, hat im „Törless" auch das Prinzip des „Mitgegangen / Mitgefangen" deutlich gemacht. Aus dem damals unbekannten, aber überzeugenden Ensemble jugendlicher Darsteller ragt Mathieu Carrière heraus, der inzwischen ein internationaler Star ist.

„Der junge Törless" wurde mit einer Drehbuchprämie gefördert und erhielt zahlreiche Auszeichnungen – den Deutschen Filmpreis, den Max-Ophüls-Preis und Preise auf den Festivals von Cannes und San Francisco. Er gilt als erster internationaler Erfolg des jungen deutschen Films und Schlöndorff als Garant ambitionierter Literaturverfilmungen.

DIE SÖHNE DER GROSSEN BÄRIN

Die Söhne der großen Bärin verdanken ihren Namen dem Mythos der Dakota, nach welchem ihre Stammutter eine große Bärin gewesen sei. Einer ihrer tapferen Söhne ist der junge Häuptling Tokei-ihto. Von Leutnant Roach nach Fort Smith bestellt, ahnt der junge Indianer nichts Gutes, beugt sich aber der Entscheidung des Ältestenrates. Begleitet wird er von Red Fox, einem Mann, dem er mißtraut. In Fort Smith angekommen, bestätigt sich Tokei-ithos Ahnung. Weil auf dem Gebiet der Dakota Gold gefunden wurde, sollen die Indianer das ihnen vertraglich zugesicherte Land verlassen. Als Tokei-itho das ablehnt, nimmt man ihn gefangen. Ihres Häuptlings beraubt, haben die Weißen nunmehr leichtes Spiel mit dessen Stammesbrüdern. Sie werden in die Reservation getrieben und müssen dort unter der Aufsicht der Soldaten leben. Tokei-itho wird wieder freige-

Produktion:	DEFA 1966 Farbe 98 min.
Regie:	Josef Mach
Buch:	Josef Mach, nach dem gleichnamigen Roman von Liselotte Welskopf-Henrich
Kamera:	Jaroslav Tuzar
Musik:	Wilhelm Neef
Darsteller:	Gojko Mitic, Jiri Vrstala, Rolf Römer, Hans Hardt-Hardtloff, Hannjo Hasse, Brigitte Krause u. a.

lassen. Im Reservat, so glaubt man, ist er ungefährlich. Doch seine Feinde verkennen den Mut und den Freiheitswillen des jungen Häuptlings. Er sammelt seine Stammesbrüder um sich, um mit ihnen nach Kanada zu gehen. Gnadenlos werden sie von ihren weißen Verfolgern gejagt. An der Grenze stehen sich Red Fox und Tokei-itho ein letztes Mal gegenüber. Ein Kampf auf Leben und Tod beginnt.

„Die Söhne der großen Bärin" ist der erste Indianerfilm der DEFA. Von 1966 bis 1976 entstanden in den Studios von Babelsberg noch elf weitere. Nachdem ein Gegenwartsfilm nach dem anderen als Folge der verhärteten Kulturpolitik während der Dreharbeiten abgebrochen wurde, hatte die DEFA ein neues, weniger problematisches Genre entdeckt. Außerdem boomten in der Bundesrepublik Deutschland seit 1962 die Karl-May-Filme, und auch der Zuschauer im Osten lechzte nach Indianerromantik. So wurde der Film, nach Liselotte Welskopf-Henrichs gleichnamiger Dakota-Trilogie, trotz einiger dramaturgischer Mängel zum Kassenschlager. Von da an ritten die Indianer fast jährlich für die DEFA. Der Tscheche Josef Mach inszenierte den Streifen mit sicherem Gespür für wirkungsvolle Wildwestromantik; Wilhelm Neef schuf die pointierte Filmmusik.

„Indianer vom Dienst" wurde der wegen seiner athletischen Figur und seines markanten Profils für die Rolle prädestinierte Jugoslawe Gojko Mitic. Wie kein anderer der mitwirkenden „Indianer" war er fortan auf dieses Rollenfach festgelegt.

SPUR DER STEINE

DDR-Alltag Mitte der 60er Jahre. Hauptschauplatz: eine Großbaustelle im fiktiven Städtchen Schkona. Der schlagkräftige Brigadier Hannes Balla ist das Aushängeschild auf der Baustelle eines entstehenden Industriekombinates. Nach dem Prinzip „Teile und Herrsche" regiert er seine sechs Zimmermannsleute und das Geschehen auf dem Bauplatz. Seine Devise „Wer gut schreibt, der bleibt" gerät ins Wanken, als Werner Horrath, ein neuer Parteisekretär, und die hübsche junge Technologin Kati Klee die Szene betreten. Zwischen diesen drei Menschen entwickelt sich aus Motiven gegenseitiger Achtung ein spannungsvolles Beziehungsgeflecht. Balla versucht es zuerst mit männlichem Imponiergehabe und Horrath, verheiratet, wird bei dem Versuch, Kati zu beschützen, deren Liebhaber. Der verunsicherte Mann kommt durch eigenwillige Entscheidungen ins Gerede. Sein „verbotenes" Verhältnis zu der jungen Frau wird zum Gegenstand eines aufsehenerregenden Parteiverfahrens. Auch Balla ist nicht mehr der alte Haudegen. Es kommt zum Streit in der Brigade. Er tritt für den von allen Seiten attackierten Horrath ein und bekennt sich zu Kati. Doch sie hat die Baustelle bereits enttäuscht verlassen.

„Spur der Steine" ist der beste DEFA-Gegenwartsfilm aller Zeiten. Seine Entstehungs- und Verbotsgeschichte ist DEFA-Geschichte pur. Er ist einer der wenigen Filme, die der ständigen Forderung der SED nach gültiger Gestaltung des Arbeiters in der Kunst überzeugend nachkamen. Wegen der Schärfe des Konfliktes, wegen der

Produktion:	DEFA 1966 s/w 129 min.
Regie:	Frank Beyer
Buch:	Karl-Georg Egel, Frank Beyer, nach dem gleichnamigen Roman von Erik Neutsch
Kamera:	Günter Marczinkowsky
Musik:	Wolfram Heicking
Darsteller:	Manfred Krug, Eberhard Esche, Krystyna Stypulkowska, Johannes Wieke, Walter Richter-Reinick, Hans-Peter Minetti, Walter Jupé, Ingeborg Schumacher, Helga Göring, Fred Ludwig, Helmut Schreiber u. a.

differenzierten Darstellung von Ideal und Wirklichkeit und wegen „Verletzung des Leninschen Prinzips der Parteidisziplin" wurde der hervorragend gemachte Film aber verboten. Erst nach der Wende wurde er durch die „Berlinale" und die Sendung in den Dritten Programmen der ARD einer breiten Öffentlichkeit zugänglich.

mischte, wie man Andersdenkenden das Rückgrat brach. Das Verbot des inzwischen legendären Films hatte das schöpferische Klima in den Babelsberger Spielfilmstudios zehn Jahre vor der Biermann-Ausbürgerung nachhaltig beeinträchtigt.

Frank Beyer, Jahrgang 1932, Regieabsolvent der berühmten Prager FAMU, hatte sich durch die eindrucksvolle Verfilmung des antifaschistischen Romans „Nackt unter Wölfen" einen Namen gemacht. Die intensive Arbeit mit den Schauspielern ist ein Merkmal seiner Inszenierungen. In „Spur der Steine" hat Beyer einer jungen Polin, die zuvor bei Wajda debütierte, die weibliche Hauptrolle anvertraut. Im umfangreichen Oeuvre Manfred Krugs ist der Balla zweifellos ein Höhepunkt, eine „Bombenrolle". Eberhard Esche hat als Horrath wahrscheinlich seine bedeutendste Filmrolle gespielt. Er zeigt, in welch penetranter und deprimierender Weise sich die Partei in das Leben anderer Menschen ein-

ICH WAR NEUNZEHN

Produktion: DEFA 1968 s/w 121 min.
Regie: Konrad Wolf
Buch: Wolfgang Kohlhaase, Konrad Wolf
Kamera: Werner Bergmann
Musik: Ernst Busch singt „Am Rio Jarama"
Darsteller: Jaecki Schwarz, Wassili Liwanow,
             Alexej Ejboshenko, Galina Polskich,
             Jenny Gröllmann, Michail Glusski u. a.

Ein alter Lautsprecherwagen zuckelt durchs Brandenburger Land. „Deutsche Soldaten! Kämpfen ist sinnlos!", dröhnt eine junge deutsche Stimme, „Ergebt euch, rettet euer Leben …!" Der, der da ruft, ist Gregor Hecker. In der Uniform eines Leutnants der Roten Armee kommt der 19jährige in seine Heimat zurück, aus der er vor 12 Jahren mit seinen Eltern emigrieren mußte. Mit seinem kleinen Agitationstrupp ist er auf dem Weg von der Oder über Bernau, Sachsenhausen, Schloß Sanssouci nach Berlin. Der Frieden ist greifbar nahe, aber der Krieg noch nicht beendet – unsinnige letzte Gefechte, Chaos, Angst. Heckers Ankunft in der alten Heimat ist schwer. Gregor möchte verstehen, vermitteln und steht doch zwischen den Fronten. Zwiespältig sind seine ersten Begegnungen mit den Deutschen. Da sind das etwa gleichaltrige Mädchen, das Angst vor den Russen hat; der opportunistische Bürgermeister, der einfach das Hakenkreuz aus der roten Fahne schneidet; der befreite Kommunist, der alle deutschen Soldaten „ausrotten" will. Als Gregors Freund Sascha beim letzten Kampfeinsatz ums Leben kommt, steht für ihn fest, daß er hier bleiben und am Aufbau eines neuen Deutschland mitwirken wird.

Die Idee zu diesem Film kam Konrad Wolf nach dem berüchtigten 11. Plenum im Dezember 1965, das u. a. alle Kunst- und Kulturschaffenden der DDR zu einer stets positiven gesellschaftlichen Aussage ihrer Werke zwang. Er überlegte, wie man dennoch mit Anstand einen Film machen könne und griff auf seine Tagebuchaufzeichnungen aus den letzten Kriegstagen zurück.

Ursprünglich sollte der Film „Heimkehr 45" heißen. Später dann entschied sich Wolf für den Titel „Ich war neunzehn". Ein treffender Titel für seinen wohl persönlichsten Film. Konrad Wolf (1925–1982), der Sohn des jüdischen Dramatikers Friedrich Wolf, emigrierte 1933 mit seiner Familie nach Moskau. Er war damals acht Jahre alt. Zwölf Jahre später stand er wie Gregor als Leutnant der Roten Armee zwischen Besiegten und Siegern, begegnete Einsichtigen und Uneinsichtigen, Verständlichem und Unverständlichem. Reportagehaft geschildert, ergibt sich aus Details, Episoden und Einzelschicksalen ein eindrucksvolles und differenziertes Abbild des Jahres 1945, in dem Tragik, Komik und Poesie eng miteinander verflochten sind.

AGUIRRE, DER ZORN GOTTES

Spanische Konquistadoren suchen um 1560 im peruanischen Dschungel die sagenhafte Goldstadt El Dorado. Goldgier treibt den Unterführer Lope de Aguirre, der sich „der Zorn Gottes" nennt, zur Meuterei. Er wird zum Anführer eines vierzig Mann zählenden Suchtrupps, nachdem er sich zuvor kurzerhand seiner Gegner entledigt hat. Mit seinen ausgesuchten Getreuen zieht er dem gelobten Land entgegen. Getrieben von Machtbesessenheit und Größenwahn, führt er seine Gefolgsleute im Kampf mit den Indios in den sicheren Tod. Nur Aguirre selbst, inzwischen einsam und dem Wahnsinn verfallen, entgeht den tödlichen Pfeilen der Eingeborenen. Allein auf seinem Floß ist auch für ihn der Tod nur eine Frage der Zeit.

„Aguirre, der Zorn Gottes" war der erste Film, den Werner Herzog zusammen mit Klaus Kinski, dem „enfant terrible" des deutschen Films, realisierte. Kinski, als neurotischer Nörgler und Hitzkopf bekannt, belastete das Arbeitsklima während der Dreharbeiten mitunter bis an die Grenzen des Erträglichen. Dennoch fand Herzog – der nach eigenen Worten des öfteren Lust hatte, „den Kinski zu erschießen" – in ihm „seinen" Star. Mit ihm realisierte er seine besten Filme (u.a. „Nosferatu – Phantom der Nacht"/1978, „Woyzeck"/1979, „Fitzcarraldo"/1982, „Cobra Verde"/1987).

Der Film, gedreht auf den Seitenarmen des Amazonas und in den peruanischen Anden, besticht und berauscht durch die Intensität und den Zauber seiner Bilder. Doch Herzogs historisch begründeter Abenteuer-

Produktion: Werner Herzog Filmproduktion/
Hessischer Rundfunk
1972   Farbe   93 min.
Regie: Werner Herzog
Buch: Werner Herzog
Kamera: Thomas Mauch
Musik: Popol Vuh
Darsteller: Klaus Kinski, Ruy Guerra, Helena Rojo, Peter Berling, Daniel Ades

film soll gleichzeitig auch als eine Parabel auf die Gegenwart empfunden werden. In Deutschland wurde der fünfte abendfüllende Streifen Werner Herzogs zunächst zwiespältig aufgenommen (extreme Landschaften, extreme Charaktere), im Ausland dagegen begeistert. Herzog äußerte einmal in einem Interview: „Der Film ist mein Ticket fürs Leben." Dieses Ticket hat er auf unverwechselbare Weise eingelöst.

DIE LEGENDE VON PAUL UND PAULA

Produktion: DEFA 1973 Farbe Breitwand
105 min.
Regie: Heiner Carow
Buch: Ulrich Plenzdorf, Heiner Carow
Kamera: Jürgen Brauer
Musik: Peter Gotthardt
Darsteller: Angelica Domröse, Winfried Glatzeder, Heidemarie Wenzel, Fred Delmare, Käthe Reichel, Rolf Ludwig, Christian Steyer, Jürgen Frohriep, Eva-Maria Hagen, Hertha Thiele u. a.

Ostteil der Stadt Berlin in den 70er Jahren. Im Kiez sind die beiden sich schon öfter begegnet: Paula als Verkäuferin an der Kasse eines Lebensmittelmarktes, Paul als Kunde. Bei einer Tanzveranstaltung kommen sie sich näher. Paula hat sich vom Vater ihrer zwei Kinder getrennt, ist des Alleinseins inzwischen müde. Paul hat eine einträgliche Position, eine schöne Frau und einen Sohn. Die allmählich verzweifelnde Paula denkt über eine feste Bindung nach und hat dabei den freundlichen älteren Herrn Saft im Visier, der eine Reifenwerkstatt betreibt. Vorher will sie sich aber mit diesem Belmondo-Typ Paul noch mal so richtig austoben. Und es funkt auch mächtig zwischen ihnen. Doch des verheirateten Mannes Zweifel bringen Paula in Rage. Der Tod eines ihrer Kinder bei einem Verkehrsunfall schockiert sie, veranlaßt sie zu spontaner Entscheidung für einen anderen Mann. Paul kämpft jetzt um Paula.

„Die Legende von Paul und Paula" war der erste wirkliche Kultfilm der DEFA – und zwar schon zu einer Zeit, als es nach dem offiziellen damaligen Kulturverständnis und Sprachgebrauch einen solchen gar nicht geben durfte. Der Film lief monatelang vor ausverkauften Häusern. Besonders das jugendliche Publikum war begeistert von den ungewöhnlich spontanen Liebesszenen und von der Kritik an gesellschaftlichen Konventionen. Ulrich Plenzdorf avancierte mit dem Bühnenstück „Die neuen Leiden des jungen W." zu einem der erfolgreichsten Autoren in deutschen Landen. „Die Legende ..." ist sein bisher bestes Drehbuch. Heiner Carow, Jahrgang 1929, einer der bedeutendsten Regisseure der DEFA, der sich auch an Tabu-Themen wagte, hat mit seinen Arbeiten die Babelsberger Filmgeschichte bereichert. Für „Paul und Paula" konnte er ein ausgezeichnetes Schauspielerensemble verpflichten, daß er bis in die kleinsten Rollen zu Höchstleistungen führte. Die attraktive Angelica Domröse ist als temperamentvolle Powerfrau wahrscheinlich in einer ihrer besten Rollen zu sehen und Winfried Glatzeder mit seinem zerknitterten Charme war im späten Sog der 68er Generation genau der richtige Typ.

DIE VERLORENE EHRE

Katharina Blum, Hausangestellte bei einem Rechtsanwalt, geschieden, lernt beim Kölner Karneval Ludwig Götten kennen. Sie verliebt sich in den jungen Mann und nimmt ihn, ganz gegen ihre sonstige Gewohnheit, mit in ihre Wohnung. Sie ahnt nicht, daß sie die Nacht mit einem desertierten Bundeswehrsoldaten verbringt, der als mutmaßlicher Bankräuber und möglicher Terrorist von der Polizei observiert wird. Am nächsten Morgen dringt eine Sondereinheit der Polizei in ihre Wohnung ein. Da Götten verschwunden ist, wird Katharina unter demütigenden Begleitumständen wie eine Verbrecherin verhaftet. Sie gerät nicht nur in die Mühlen einer rüden polizeilichen Ermittlung, bei der der Mensch lediglich zum Fall wird, sondern auch in die Schlagzeilen einer sensationshungrigen Presse. Ungeniert wühlt der Reporter Tötges im Dienste des Millionenblattes „ZEITUNG" in Katharinas Privatleben und veröffentlicht verleumderische Artikel, die in ihrer Abstempelung als „Terroristenbraut" gipfeln. Eindeutig stützt er sich dabei auch auf Indiskretionen seines Freundes, Kommissar Beizmenne, der den Fall Blum bearbeitet. Verzweifelt kämpft Katharina Blum um ihre Ehre und Menschenwürde und kommt doch nicht gegen das verfilzte Machtkartell von Polizei, Justiz und Presse an. Als Ludwig Götten im Landhaus eines ihrer Freunde gefaßt und verhaftet wird, ist Katharina am Ende ihrer Kraft. Sie bestellt Reporter Tötges zu einem „Exklusiv – Interview" in ihre Wohnung, erschießt ihn und rächt sich so für die verlorene Ehre.

Produktion: Bioskop/Paramount-Orion
1975 Farbe 106 min.
Regie: Volker Schlöndorff, Margarethe von Trotta
Buch: Volker Schlöndorff, Margarethe von Trotta
Kamera: Jost Vacano
Musik: Hans Werner Henze
Darsteller: Angela Winkler, Mario Adorf, Dieter Laser, Jürgen Prochnow, Heinz Bennent, Hannelore Hoger u. a.

DER KATHARINA BLUM

Volker Schlöndorffs (Co-Regie: Margarethe von Trotta) effektvolle Verfilmung der brisanten Böll-Vorlage attackiert vehement die menschenverachtenden Machenschaften eines verantwortungslosen Sensations-Journalismus und zeigt eindringlich „wie Gewalt entstehen und wohin sie führen kann" (so der Untertitel bei Böll). Schlöndorff (Jahrg. 1939) zeigt diese Gewalt geradlinig und mit bemerkenswerter Schärfe. „Die verlorene Ehre der Katharina Blum" ist in seiner provokativen Auseinandersetzung mit bundesdeutscher Wirklichkeit eines der wichtigsten und gelungensten Werke des Neuen Deutschen Films und wurde zum großen Publikumserfolg.

Angela Winkler erhielt für ihre überzeugende Darstellung der Titelfigur das Filmband in Gold, ein weiterer Bundesfilmpreis ging an den Kameramann Jost Vacano.

DIE BLECHTROMMEL

Produktion: Franz Seitz Filmproduktion/
Bioskop-Film/Hallelujah-Film/Artemis/
Argos Films, Paris
1979   Farbe   144 min.
Regie: Volker Schlöndorff
Buch: Jean-Claude Carrière, Volker Schlöndorff,
Franz Seitz, nach dem gleichnamigen
Roman von Günter Grass
Kamera: Igor Luther
Musik: Maurice Jarre
Darsteller: David Bennent, Angela Winkler,
Mario Adorf, Katharina Thalbach,
Heinz Bennent, Tina Engel,
Daniel Olbrychski, Charles Aznavour,
Berta Drews, Otto Sander,
Andrea Ferréol u. a.

Danzig 1924–1945. Der dreijährige Oskar Matzerath bekommt eine blecherne Kindertrommel geschenkt. Mit seiner schrillen Stimme und gellenden Schreien ist er heftig trommelnd in der Lage, Glas zersplittern zu lassen. Diese artistische Gabe bringt der kleine Kobold mit teuflischem Vergnügen immer dann ins makabre Spiel, wenn er sich angegriffen fühlt und schockieren will. Aus Protest gegen die Erwachsenenwelt stürzt er absichtlich eine Kellertreppe hinab und beschließt, fortan auf Wachstum zu verzichten. Episodenhaft wird der verworrene Lebensweg Matzeraths durch die Wirren der Kriegsjahre und unmittelbaren Nachkriegszeit geschildert. In Oskars buntem Leben spielen Rasputin und Niobe eine Rolle, fernwirkender Gesang vom Stockturm, Brausepulver, Nationalsozialismus, Bebras Fronttheater, Sozialdemokraten, Desinfektionsmittel, Maria und die Nachfolge Christi. Der unberechenbare Gnom verursacht schließlich den Tod seiner Erzeuger. Den großen Krieg erlebt er in einer Zwergengesellschaft am Westwall. In einem Güterwagen auf der Fahrt in die Städtische Krankenanstalt Düsseldorf bemerkt der Patient wieder Erscheinungsformen von Wachstum an seinem Körper.

Günter Grass, einer der besten und auch umstrittensten deutschsprachigen Schriftsteller, schuf mit diesem 1959 erschienenen Roman wahrscheinlich den ersten Bestseller der Nachkriegsliteratur. Mit dem Abstand von 20 Jahren traute sich Schlöndorff an die als unverfilmbar geltende Vorlage. Die Besetzung der Hauptrolle war natürlich die wichtigste Voraussetzung für das Gelingen des außergewöhnlichen Films. Im ersten Absatz des Romans heißt es: „Ich bin ein Insasse einer Heil- und Pflegeanstalt." – eine dem „Caligari" vergleichbare Ausgangssituation also für die Darstellung einer Fülle absurder Personen und Episoden. Schlöndorff engagierte ein großartiges internationales Ensemble und ließ sich zu „Tableaus wie in einer Nummernrevue" inspirieren. Mit Hilfe des slowakischen Kameramannes Igor Luther gelangen Bilder, die an Chaplins „Diktator" erinnern.

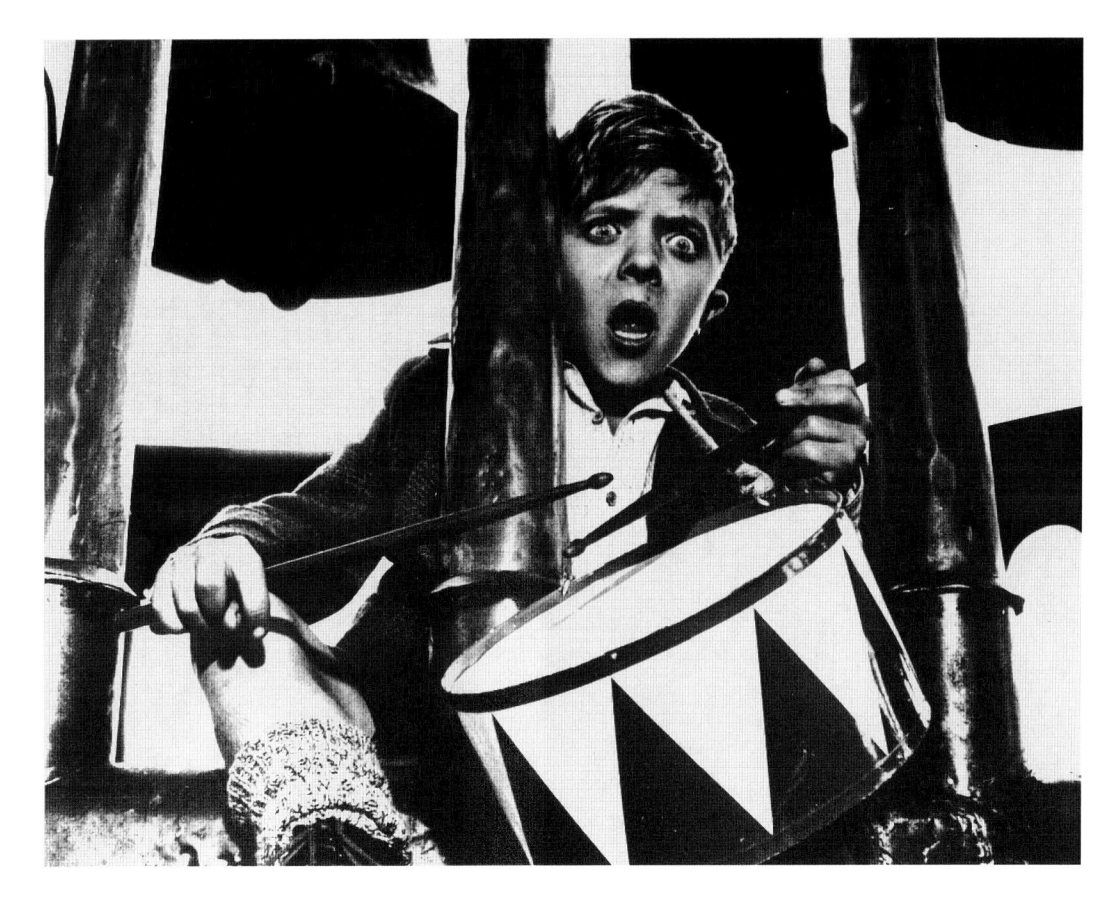

„Die Blechtrommel" ist mit dem Deutschen Filmpreis ausgezeichnet worden. Als erster deutscher Film erhielt das Werk auch die Goldene Palme in Cannes und den Oscar. Grass, der die Dreharbeiten kontrollierte, meint im Romantext selbst, „einen kräftigen Knüller hingelegt" zu haben. Dem ist hinzuzufügen, daß Schlöndorff daraus einen ebensolchen Film gemacht hat. Das Anarchistische darin und die Verweigerungshaltung geben ihm aktuelle Dimensionen.

DIE EHE DER MARIA BRAUN

Produktion: Albatros Film/Trio Film/WDR/
 Filmverlag der Autoren
 1979 Farbe 120 min.
Regie: Rainer Werner Fassbinder
Buch: Peter Märthesheimer, Pia Fröhlich
Kamera: Michael Ballhaus
Musik: Peer Raben
Darsteller: Hanna Schygulla, Klaus Löwitsch,
 Ivan Desny, Gisela Uhlen,
 Gottfried John, Hark Bohm

Eine kleine deutsche Stadt in den Jahren 1943–54. Während eines Bombenangriffs wird hastig die standesamtliche Ehe zwischen dem Soldaten Hermann Braun und dem Mädchen Maria vollzogen. Einen halben Tag und eine Nacht sind sie zusammen, da muß der Frischvermählte wieder zurück an die Ostfront. Sie wartet, versucht, sich mit Tauschgeschäften auf dem Schwarzmarkt über Wasser zu halten. In einem Club der US-Armee findet sie einen Job. Der Heimkehrer Willi bringt die Kunde vom Tod Hermanns. Maria ist inzwischen die Geliebte des dunkelhäutigen Bill. Zigaretten, Nylonstrümpfe, Ausflüge – und die Mutter ist immer dabei. Maria ist schwanger. Eines Tages steht Hermann vor der Tür. In der heftigen Auseinandersetzung erschlägt die junge Frau ihren Liebhaber mit einer Flasche. Hermann nimmt die Schuld auf sich und wird zu mehrjähriger Gefängnisstrafe verurteilt. Maria lernt den Industriellen Oswald kennen, der seine von den Nazis enteignete Textilfabrik wieder übernehmen will. Maria wird seine Teilhaberin und Bettgenossin. Es gelingt ihr, amerikanische Investoren für diese Fabrik zu interessieren. Ein kleines Häuschen springt dabei heraus. Hermann wird vorzeitig entlassen, flieht aber ins Ausland. Bevor Oswald an einer geheimnisvollen Krankheit stirbt, unterbreitet eine Notarin dem Ehepaar Braun dessen überraschendes Testament ...

Das neben „Effi Briest" untypische und am wenigsten konventionelle Sehgewohnheiten verletzende Opus Fassbinders, sein zwanzigster Kinofilm, belegt bei zahlreichen Umfragen anläßlich des 100jährigen Jubiläums der Kinematographie vordere Plätze. Es ist einer der wenigen Filme, bei denen der produktive Macher nicht direkt am Drehbuch beteiligt war. Ein echter Fassbinder, ein pralles, vitales Kinostück wurde es aber dennoch durch seine bevorzugte Darstellerin Hanna Schygulla. Das Schicksal der Maria Braun bewegt, weil es durch den individuellen Konflikt zwischen privatem Glücksanspruch und existenzgefährdenden Bedingungen des Krieges geprägt ist und eine Gesellschaft ohne Mitleid zeigt. Die Schygulla, inzwischen fünfzig und ein internationaler Star, hat diese „Anarchistin der Liebe" auch als eine Frau dargestellt, die mit Ehrgeiz und attraktiver Physis unbeirrt und um jeden Preis vom damaligen Aufschwung West profitieren wollte. Die Juroren der Berlinale 1979 haben ihre überzeugende Leistung mit einem „Silbernen Bären" gewürdigt und eine weitere Trophäe dem gesamten Team des emotional stark berührenden Films zugesprochen.

DAS BOOT

Produktion:	Günter Rohrbach/Bavaria/WDR
	1979–1981 Farbe 149 min.
Regie:	Wolfgang Petersen
Buch:	Wolfgang Petersen,
	nach dem gleichnamigen Roman von
	Lothar-Günther Buchheim
Kamera:	Jost Vacano
Musik:	Klaus Doldinger
Darsteller:	Jürgen Prochnow, Herbert Grönemeyer,
	Klaus Wennemann, Hubertus Bengsch,
	Martin Semmelrogge u. a.

Am 19. 10. 1941 läuft im Hafen von La Rochelle das deutsche U-Boot „U 96" zur „Feindfahrt" in den Atlantik aus. Nach Wochen eintöniger Fahrt entgeht das Boot mit seiner dreiundvierzig Mann starken Besatzung nur knapp einem überraschenden Wasserbombenangriff. Wie über Echolot und Funk zu erfahren ist, hatten andere Kameraden nicht ebensolches Glück. Der Angriff auf einen Geleitzug, bei dem sie drei Handelsschiffe versenken, wird für die Männer des „U 96" plötzlich zur eigenen Falle. Auch durch die Flucht in bedrohliche Tiefen kann das Boot der Bombenverfolgung des Feindes nicht entgehen. Stunde um Stunde umkreisen die feindlichen Zerstörer die Tauchstelle. Einige der Männer geraten in Panik, die „der Alte", so die ehrfürchtige Bezeichnung der Mannschaft für ihren Kommandanten, nur mühsam abfangen kann. Endlich wieder aufgetaucht, erhält die Besatzung einen verschlüsselten Funkspruch, der sie in die Meerenge von Gibraltar schickt. Ihr Auftrag lautet, die Abwehrkette der alliierten Zerstörer zu durchbrechen. Der Versuch mißlingt, das Boot wird schwer beschädigt. Meter für Meter sackt es ab, bis es bei 260 Meter Tiefe bewegungsunfähig auf Grund setzt. Jeden Moment kann der Wasserdruck die Schotten bersten lassen. Verzweifelt kämpfen der Kommandant und seine Männer um ihr Leben. Wie durch ein Wunder kann sich das Boot aus der ausweglos erscheinenden Lage selbst befreien. Schwer beschädigt kehrt es zurück in den Hafen von La Rochelle. Der feierlichen Begrüßung setzt ein Fliegeralarm ein jähes

Ende. Das Boot wird für immer versenkt, ein großer Teil der Besatzung fällt den Bomben zum Opfer. Es ist der 27. 12. 1941.

Als der Film der Superlative erlebte „Das Boot" von Wolfgang Petersen (Jahrg. 1941) am 17. 09. 1981 in München seine Welturaufführung. Kurz danach steuerte die dreißig Millionen DM teure Filmproduktion weltweit auf Erfolgskurs: Begeisterungsstürme in Amerika, großer Applaus in Frankreich, ausverkaufte Filmhäuser in Japan. Das Kriegsdrama, der verfilmte Erlebnisbericht des ehemaligen Leutnants der Marine und Kriegsberichterstatter Lothar-Günther Buchheim, hatte sein Publikum gefunden. Petersen ist es überzeugend gelungen, verschiedene Aspekte des Kampfes zu verknüpfen: Die tödliche Angst, die Faszination der Gewalt und auch die schreckliche Folgerichtigkeit, daß Krieg Helden hervorbringt. Petersen macht auch um die Inhumanität des Krieges keinen Bogen, dennoch bleibt die Frage offen, warum sich die Jugend freiwillig einem solchen „Himmelfahrtskommando" ausliefert. Lag es nur an der Anziehungskraft der Waffe U-Boot?

Chronologisch und in harten, realistischen Bildern folgt Petersen einer „Feindfahrt". Dabei werden alle Register modernster Filmtechnik gezogen. Ein Jahr lang dauerten die Dreharbeiten unter schwersten körperlichen Anstrengungen, mitunter hatten alle 43 Besatzungsmitglieder in der nur 67 Meter langen nachgebauten U-Boot-Röhre gleichzeitig zu agieren. Ihr intensives Spiel, ihre physische Kraft der Darstellung trugen wesentlich zum großen Erfolg des Films bei.

„Das Boot" wurde 1982 mit dem Bundesfilmpreis (Filmband in Silber) ausgezeichnet und gleich sechsmal für einen Oscar nominiert; Klaus Doldingers Musik wurde zum internationalen Hit. 1985 folgte dem Kinofilm eine fünf Stunden lange dreiteilige Fernsehfassung.

SOLO SUNNY

Produktion: DEFA 1980 Farbe 100 min.
Regie: Konrad Wolf
Co-Regie: Wolfgang Kohlhaase
Buch: Wolfgang Kohlhaase
Kamera: Eberhard Geick
Musik: Günther Fischer
Darsteller: Renate Krößner, Alexander Lang,
Dieter Montag, Heide Kipp,
Klaus Brasch u. a.

Um als Sängerin auf der Bühne zu stehen, hängt Ingrid Sommer ihre Arbeit in der Fabrik an den Nagel. Als Sängerin „Sunny" tingelt sie von nun an mit den „Tornados" durch die Lande. Vormachen und vorschreiben läßt sie sich nichts, auch nicht, mit wem sie schläft. Sie setzt sich mit pfiffigen, zuweilen aber auch groben Mitteln zur Wehr, um in der Männerwelt des Unterhaltungsgeschäftes nicht zum „Wanderpokal" zu werden. Ihr großer Traum ist ein „Solo", ein großer Auftritt. Zugleich träumt sie davon, nicht mehr länger „solo" in ihrem Berliner Hinterhof zu leben. Doch Sunny hat kein Glück, weder in der Liebe, noch auf der Bühne. Der Taxifahrer Harry vergöttert sie zwar, doch seine Lebensmaxime von der „schnellen Mark" ist nicht die ihre. Auch Ralph, der verkrachte Philosoph und Amateurmusiker, den sie liebt, betrügt sie. Als sie die „Tornados" feuern, weil sie die eindeutigen Avancen des Saxophonisten Norbert mit ihrem spitzen, hochhackigen Schuh abwehrt und ihr Solo mißglückt, ist Sunny am Ende. Nach einem mißlungenen Selbstmordversuch gibt ihr ihre ehemalige Kollegin Christine neue Kraft für einen zweiten Anlauf.

„Ich komme auf die Annonce wegen der Sängerin. Ich würde es gern machen. Ich schlafe mit jedem, wenn es mir Spaß macht. Ich nenne einen Eckenpinkler einen Eckenpinkler. Ich bin die, die bei den „Tornados" rausgeflogen ist. Ich heiße Sunny." Diese einstudierten Worte, mit denen sich Sunny in einem Altberliner Hinterhof einer Gruppe junger Leute vorstellt, und die zugleich der Schluß des Filmes sind, schockten. Hatten doch Konrad Wolf und Wolfgang Kohlhaase Sunny nicht als gesellschaftliches Wesen, sondern als Individualisten mit radikalen Ansprüchen porträtiert. In den Medien setzte ein heftiges Für und Wider ein. Konrad Wolf bemerkte dazu: „Es würde mich stören, wenn „Solo Sunny" nicht beunruhigen würde, weil Beunruhigung ein notwendiges und produktives Element unserer Selbstverständigung und meiner gesellschaftlichen Nützlichkeit ist". Ausverkaufte Kinos waren der Beweis, daß die Filmschöpfer das Lebensgefühl der jungen Leute, ihre Konflikte und Probleme treffend und unterhaltsam gestaltet hatten. Renate Krößner, die für ihre Sunny auf der Berlinale 1980 mit einem Silbernen Bären geehrt wurde, bezeichnet diese Rolle als ihre wichtigste. Wenig später wurde sie von den damaligen Filmoberen mit einem Rollenboykott belegt. 1986 ging sie in die Bundesrepublik. Für Konrad Wolf war „Solo Sunny" der 13. und sein letzter Film. Er starb 1982 im Alter von 56 Jahren.

M E P H I S T O

Die goldenen zwanziger Jahre. Durch Heirat der wohlsituierten Barbara Brückner kann der ehrgeizige Schauspieler Hendrik Höfgen die Hamburger Bühne verlassen und Mitglied des Berliner Staatstheaters werden. Schon bald hat er Affären mit der exotischen Tanzlehrerin Juliette und einer reizenden Kollegin. Dem Trend der Zeit folgend, wirkt er auch im linksorientierten Kabarett „Sturmvogel" mit. Höhepunkt seiner Künstlerkarriere wird die eigenwillige Darstellung des Mephistofeles in Goethes „Faust". Die Nazis ergreifen die Macht. Höfgen kehrt von Dreharbeiten im Ausland zurück, seine Frau emigriert nach Paris. Der General taucht auf, eine sich kunstbeflissen gebende, ranghöchste Persönlichkeit des neuen Regimes. Auch dessen Freundin Lotte Lindenthal will Karriere machen. Mit Hendriks Unterstützung gelingt es. Zwischen den drei

Produktion:	Mafilm (Budapest)/ Manfred Durniok Produktion/ORF 1981 Farbe 138 min.
Regie:	István Szabó
Buch:	István Szabó, Péter Dobai, nach dem gleichnamigen Roman von Klaus Mann
Kamera:	Lajos Koltai
Musik:	Zdenko Tamássy
Darsteller:	Klaus Maria Brandauer, Rolf Hoppe, Krystyna Janda, Karin Boyd, Martin Hellberg, Christine Harbort, Ildikó Bansági u. a.

Menschen entwickelt sich ein enges Vertrauensverhältnis. Höfgen trennt sich von seinen Frauen, wird Intendant des Staatstheaters. Er setzt sich beim General für die Rettung jüdischer Kollegen ein. Bei der Geburtstagsgala des Generals ist Höfgen noch der gefeierte Festredner. Die abschließende gespenstische Szenerie einer Freilichtveranstaltung zeigt jedoch einen zu Tode erschrockenen Menschen, der erkennt, daß er am Abgrund steht ...

Klaus Manns autobiographischer Roman, 1936 im Exil erschienen und auch in der Bundesrepublik lange Zeit verboten, zielt bekanntlich auf Gustaf Gründgens, eine der berühmtesten Schauspieler- und Regiepersönlichkeiten des deutschen Theaters. Das historische Urbild des Generals ist Goebbels, hinter Lotte verbirgt sich Leni Riefenstahl usw. Aber der ungarische Regisseur hat die berühmte Vorlage so genial ins Filmische übertragen, daß daraus ein neues Werk entstand: Die brillante Studie über einen karrieresüchtigen Charakter im gefährlichen Vabanquespiel mit den ungeliebten Machthabern.

István Szabó, Jahrgang 1938, einer der bedeutendsten europäischen Regisseure, wurde für diese Koproduktion 1981 mit dem Oscar für den besten fremdsprachigen Film ausgezeichnet. Klaus Maria Brandauer, der inzwischen zahlreiche hervorragende Filmrollen gespielt hat, wurde durch „Mephisto" zum internationalen Star. Rolf Hoppe, der in Dresden triumphale Theatererfolge feierte und seit mehr als 30 Jahren filmt, zeichnete als General das außergewöhnlich beängstigende Porträt eines Menschen, bei dem Jovialität jederzeit in Brutalität umschlagen kann.

DER HIMMEL ÜBER BERLIN

Ort der Handlung ist der Himmel über Berlin und die geteilte Stadt darunter. Das Berlin der 80er Jahre mit seinen Frittenbuden und Abfalleimern, mit seiner Siegessäule und mit einer Mauer mittendurch. Auf der einen Seite ist sie bemalt, besprayt und Kunstobjekt, auf der anderen Seite ist sie verhaßt und bewacht. Das bemerken auch die Engel Damiel und Cassiel, wenn sie gelangweilt herunterblicken auf das geschäftige Treiben dieser Weltstadt. Der Engel Damiel wird wegen Widerspruchs gegen seinen Vorgesetzten sogar zur Strafe in diese Region versetzt. Cassiel begleitet ihn. Sichtbar nur für Kinder, wandeln die beiden himmlischen Boten durch die Straßen. Sie wollen die Spezies „Mensch" erkunden, versuchen zu helfen und zu trösten. Aber als Damiels Auge die schöne Trapezkünstlerin Marion erblickt, kann und muß der Himmel warten. Um lieben

Produktion: Road Movie/WDR/Argos Films, Paris
1987 s/w und Farbe 123 min.
Regie: Wim Wenders
Buch: Wim Wenders
in Zusammenarbeit mit Peter Handke
Kamera: Henri Alekan
Musik: Jürgen Knieper
Darsteller: Bruno Ganz, Otto Sander,
Solveig Dommartin, Curt Bois,
Peter Falk, Nick Cave u. a.

zu können, muß der Engel ganz Mensch werden und sich voll in das irdische Dasein integrieren. Nun füllt sich die Welt mit Farben und leichter Heiterkeit. Dieses Meisterwerk erhielt überschwengliches Lob der Fachwelt. Die Zeitschrift „Filmdienst" urteilte u. a.: „Die Tongestaltung, die Verknüpfung der verschiedenen Ebenen von Musik, Dialog, Monologen, Geräuschen, gehört zum Gelungensten ihrer Art im deutschen Film der jüngeren Vergangenheit." Es ist ein typisches Beispiel aus der Kinowerkstatt des Wim Wenders. Der sensible, unangepaßte Wenders, Jahrgang 1945, hat seine Intentionen bisher immer erfolgreich durchgesetzt. „Der Himmel über Berlin" ist eine ungewöhnlich erzählte Liebesgeschichte: Die Liebe bewirkt das Wunder der Menschwerdung des Engels. Die Botschaft ist: Sei gut zu mir. Inzwischen ist der phantastisch-märchenhafte Film auch das Dokument einer in unvergleichlichen Bildern eingefangenen Berliner Szenarie. Die nicht mehr existierende „echte" Kulisse einer durch Spaltung erzwungenen „unechten" Stadt hat Wenders sich von einem Kameraroutinier fotografieren lassen: Henri Alekan, der bei Schüfftan assistierte und für Cocteaus philosophische Märchen wunderbare Bildlösungen schuf. Abgesehen von den Cameos berühmter Darsteller wie Peter Falk und Curt Bois sind Bruno Ganz und Otto Sander die idealen Schauspieler für Wenders' gelungenen Versuch, mit originellen filmischen Mitteln Poesie in den grauen Alltag zu bringen.

„Der Himmel über Berlin" wurde mit dem Filmband in Gold ausgezeichnet. Durch den Regiepreis der Jury in Cannes 1987 fand dieser Spielfilm auch internationale Anerkennung.

S C H T O N K !

Produktion: Bavaria/Helmut Dietl/WDR
1992 Farbe 115 min.
Regie: Helmut Dietl
Buch: Helmut Dietl, Ulrich Limmer
Kamera: Xaver Schwarzenberger
Musik: Konstantin Wecker
Darsteller: Götz George, Uwe Ochsenknecht, Christiane Hörbiger, Harald Juhnke, Dagmar Manzel, Veronica Ferres, Rolf Hoppe, Ulrich Mühe u. a.

Schon kurz nach Kriegsende erkannte der neunjährige Fritz Knobel den Bedarf an Souvenirs aus dem untergegangenen Dritten Reich. Pfiffig, wie er war, verhökerte er die Utensilien auf dem Schwarzmarkt, damals vorwiegend an amerikanische Soldaten. Vierzig Jahre später erlebt dieser Markt eine ungeheure Renaissance, nur sind es jetzt vorwiegend deutsche Kunden. Da es aber nur noch wenige „Fundsachen" gibt, hilft das Fritzchen, aus dem inzwischen Fritz geworden ist, ein bißchen nach. So freut sich Fabrikant Lentz über ein von Hitler selbst gemaltes Aktbild von Eva Braun, das natürlich Fritz Knobel auf die Leinwand brachte. Da Lentz so gut zahlt, zaubert Knobel schnell noch ein Hitler-Tagebuch von 1945 aus der Tasche. Während der eine sich über sein Geld, der andere über seine Souvenirs freut, bläst im Norden der Reporter Hermann Willié Trübsal. Es mangelt ihm an zugkräftigen Stories und damit auch an Geld. Als Lentz eine Feier für gleichgesinnte Freunde gibt, um ihnen die von Knobel erstandenen Reliquien zu repräsentieren, ist unter den illustren Gästen auch Hermann Willié, der Geliebte der Reichsmarschallsnichte von Hipp. Da Knobel scheinbare Beweise für weitere Tagebücher liefert, kommen die beiden schnell ins Geschäft. Knobel schreibt und kassiert, der Verlag zahlt und prahlt und Willié sieht sich auf dem Höhepunkt seiner Karriere – bis die Geschichte platzt wie eine Seifenblase.
Regisseur Helmut Dietl (Jahrg. 1944) fand, daß Schtonk wie Stunk klingt, und den wollte er. Dabei ging es ihm

nicht so sehr um die 1983 enthüllte Fälschung der Hitler-Tagebücher, sondern vielmehr um den Umgang der Deutschen mit dem Mythos Hitler vierzig Jahre nach Kriegsende. Helmut Dietl setzt seine Akzente differenziert und weiß die Vorlage geschickt als handfeste Unterhaltung zu nutzen. Entstanden ist eine satirische Komödie, bei der es nicht nur etwas zum Lachen gibt, sondern auch eine Menge zum Nachdenken. Der Film ist bis in die Nebenrollen ausnahmslos gut besetzt und musikalisch pointiert untermalt – von Richard Wagner über Zarah Leanders „Davon geht die Welt nicht unter" bis zu den Kompositionen Konstantin Weckers. „Schtonk!" war nicht nur ein Kassenschlager, sondern er überzeugte auch die Juroren des Deutschen Filmpreises. 1992 erhielten Helmut Dietl für die Regie und Götz George für die Gestaltung des Reporters den Bundesfilmpreis in Gold. Im gleichen Jahr wurde „Schtonk!" auch für den „Golden Globe" nominiert.

Zur Erinnerung: Kein Geringerer als Charlie Chaplin ruft in seinem legendären Film „Der große Diktator" in der Hitler-Rede dieses unverständliche „Schtonk!".

Die Feuerzangenbowle 36
Die Frau meiner Träume 38
Die Legende von Paul und Paula 90
Die Mörder sind unter uns 42
Die Söhne der großen Bärin 82
Die verlorene Ehre der Katharina Blum 92

TITELVERZEICHNIS

Aguirre, der Zorn Gottes 88
Berlin – Alexanderplatz 12
Das Boot 98
Das Haus in Montevideo 48
Das kalte Herz 46
Das Mädchen Rosemarie 64
Das Testament des Dr. Mabuse 20
Das Wirtshaus im Spessart 60
Der blaue Engel 8
Der brave Soldat Schwejk 74
Der Hauptmann von Köpenick 58
Der Himmel über Berlin 104
Der junge Törless 80
Der Kongreß tanzt 14
Der Mann, der Sherlock Holmes war 24
Der Postmeister 26
Der Untertan 50
Des Teufels General 52
Die Blechtrommel 94
Die Brücke 68
Die Drei von der Tankstelle 10
Die Ehe der Maria Braun 96

Dr. med. Hiob Prätorius 78
Ehe im Schatten 44
Große Freiheit Nr. 7 34
Ich war neunzehn 86
Kuhle Wampe oder Wem gehört die Welt? 18
Liebelei 22
Lola Montez 54
M – Eine Stadt sucht einen Mörder 16
Mephisto 102
Münchhausen 30
Nachts im Grünen Kakadu 62
Nackt unter Wölfen 76
Quax, der Bruchpilot 28
Romanze in Moll 32
Rosen für den Staatsanwalt 70
Schtonk! 106
Solo Sunny 100
Spur der Steine 84
Sterne 72
Unter den Brücken 40
Wenn der Vater mit dem Sohne 56
Wir Wunderkinder 66

LITERATUR ÜBER FILM

Die 100jährige Geschichte des Kinos ist auch die Zeit der sich rasant entwickelnden Technik und der das kulturelle Leben bestimmenden audiovisuellen Medien. Weltweit entstehen immer mehr Kino-, Fernseh- und Videoangebote. Wechselnd sind die Bemühungen und Absichten, die sich aus den jeweiligen künstlerischen, politischen oder wirtschaftlichen Interessen der Veranstalter ergeben.

Die Medien nehmen Einfluß auf Trends, Themen und Meinungen. Sie bestimmen die Öffentlichkeit und den Alltag derart, daß es unabdingbar ist, sich mit ihren Inhalten, Wirkungen und Entwicklungen ernsthaft auseinanderzusetzen.

Wissenschaftler und Praktiker publizieren zu allen Fragen der Medien 'er-lesene Kompetenz' in den Editionen des VISTAS Verlages. Wie die folgende Titelauswahl zeigt, wird Literatur in einem breiten Spektrum über das Verstehen und den sinnvollen Nutzen von Film und Fernsehen veröffentlicht:

Die 'Beiträge zur Film- und Fernsehwissenschaft' erscheinen 1995 im 36. Jahrgang. Gemeinsam mit der Hochschule für Film und Fernsehen in Potsdam-Babelsberg werden jährlich vier bis sechs Bände herausgegeben. Titel wie 'Konrad Wolf – neue Sichten auf seine Filme'; 'Der DEFA-Spielfilm' oder 'DEFA, Künstler und SED-Kulturpolitik' informieren u. a. über das künstlerische Schaffen in der ehemaligen DDR.

Dem europäischen Kino sind die Publikationen gewidmet, die mit der European Film Academy herausgegeben werden: FELIX – die europäische Filmzeitschrift; die Reihe 'Master School Series' und die Studie 'A Dose of Reality' als Situationsbeschreibung des europäischen Kinos zwischen kultureller Vielfalt und leeren Kassen.

Ideengeber für gute Filme sind Drehbuchautoren. Dem wohl bedeutendsten ist das Buch 'Carl Mayer: Filmpoet' gewidmet. Im 'Drehbuchautoren Script Guide' werden über 250 Drehbuchautoren in Wort und Bild vorgestellt. Die Dokumentation 'Berliner Drehbuchwerkstatt – Entwicklungen 1986–1992' stellt die erste deutsche Ausbildungsstätte für Drehbuchautoren vor.

Kritische Fragen zur Medienwirkung werden beantwortet in Titeln wie 'Videoclips – die geheimen Verführer der Jugend', 'Zwischen Vergnügen und Angst – Fernsehen im Alltag von Kindern' oder 'Sündenbock Fernsehen'.

Unterhaltend geschrieben und aufwendig bebildert sind Titel wie 'Hoppla hier kommt Eddie – Eddie Constantine und seine Filme' und das Buch 'Sandmann auf Reisen'; die Geschichte des Fernsehklassikers und die der Macher dieser Kultfigur – seit über dreißig Jahren.

VISTAS Verlag GmbH
Bismarckstraße 84
D–10627 Berlin
Telefon: (0 30) 3 12 45 66
Telefax: (0 30) 3 12 62 34

FILMMUSEUM POTSDAM

Sandmann auf Reisen

VISTAS